주식투자는
사이클이다

주식투자는 사이클이다

39세 월급쟁이 부자가 20년 투자 노하우로 정립한 시장의 속성

초판 1쇄 인쇄 2024년 10월 4일
초판 1쇄 발행 2024년 10월 14일

지은이 제이투
발행인 선우지운
편집 이승희
표지디자인 엄혜리
본문디자인 박은진
마케팅 김단희
제작 예인미술

출판사 여의도책방
출판등록 2024년 2월 1일(제2024-000018호)
이메일 yidcb.1@gmail.com

ISBN 979-11-989442-1-4 03320

주식투자는

39세
월급쟁이 부자가
20년 투자 노하우로
정립한
시장의 속성

제이투 지음

사이클이다

여의도
책방

차례

1장 잃지 않는 투자 비법, 사이클을 읽는 힘

2장 당신은 지금까지 주식투자를 잘못했다

5장 상승장과 하락장 양쪽에서 수익 내는 사이클 투자

내가 하락장에서도
살아남을 수 있었던 이유

2024년 8월 5일, 주식투자를 하면서 처음 겪어보는 대폭락이 발생했다. 코로나19 당시에도 100년 역사상 최악의 폭락을 경험했지만, 이날 국내 증시는 10% 가까이 하락하며 사이드카(일시 효력 정지)까지 걸리는 초유의 사태가 발생했다. 일본 증시 역시 13% 하락했다.

대지진은 발생하기 전에 징조를 보인다. 처음에는 여진을 발생시키며 힌트를 주지만, 사람들은 그 힌트가 앞으로 발생할 대지진의 징조인지 알아차리지 못한다. 자연은 다시 여진을 발생시키며 계속해서 경고한다. 하지만 사람들은 대수롭지 않게 생각해 넘겨버리곤 한다. 어느새 여진은 점점 더 빠른 간격으로 발생한다. 물론 대지진이라는 자연재해를 미리 알 수 있다 해도 전부 피할 수는 없다. 하지만 징조만이라도 미리 알아차리고 준비한다면 적어도 대비는 할 수 있다.

하지만 현재 버블에 취해 있다면, 자연재해와 같은 이런 경고에도 무관심할 수밖에 없다. 결국 대지진이 발생하면 끔찍한 비극(폭락장)이 시작된다. 그제야 사람들은 원인을 분석하고 대지진의 징조가 이미 여러 차례 있었음을 알아차린다. 전문가들은 뒤늦게 대책을 마련하기 시작하지만, 대지진은 이미 발생했고 상황은 이미 돌이킬 수 없는 지경에 이른 후일 것이다.

버블은 사람이 살아가는 한 없어지지 않는다. 계속해서 발생하고 사라진다. 현대에 와서는 그 주기가 더 빨라졌다. 예상보다도 속도가 너무 빨라 눈 깜짝할 사이에 진행된다. 정신을 바짝 차리지 않으면 쓰나미에 휩쓸리듯 내 자산도 쓸려나갈 수 있다. 한순간의 실수로 낙오자가 될 수 있다. 손을 놓치는 순간 깊은 어둠 속으로 나가떨어지기 십상이다. 현재 증시는 어떤 상황일까? 여진의 연속일까? 아니면 마음 편하게 투자해도 좋은 구간일까? 《주식투자는 사이클이다》를 바탕으로 현재 상황을 대입해보고, 심도 있게 분석해보자.

나는 테마주, 급등 주식, 우량주, ETF, 환율, 해외 주식, 비트코인, 비트코인 선물 등 다양한 투자 분야를 경험해봤다. 하지만 한 번의 실패로 10년 동안 일구어온 자산 대부분을 잃었다. 경제 위기는 자연재해와 같다. 누구도 예측할 수 없고, 위기 한가운데서 빠져나오지 못하면 다시 살아 돌아오지 못할 수도 있다. 경제 위기는 늘 반복된다. 증시의 상승 사이클 마지막에는 버블이 발생하고 버블이 터지는 시점에 경제 위기는 찾아왔다. 열 번을 잘하더라도 한 번의 실패로 모든 것을 잃을 수 있는 곳이 주식시장이다.

나 역시 뼈저린 실패를 경험하고 주식 사이클을 공부하기 시작했다. 상승장과 하락장 구분법을 만들었고 현금 비중을 조절해 상승과 하락을 동시에 대비하는 투자법을 찾아냈다. 체계적 단계를 통해 경제 위기에 대응하는 방법이 바로 사계절 투자법이다.

하락장이 시작되면 90% 이상 참패하게 된다. 증시가 폭락하면 개별 주식 95%가 동반 하락하기 때문이다. 상승장에 운이 좋아 수익이 났다 하더라도 버블 구간에서도 투자를 이어가다 하락장이 시작되면 이제까지의 수익 전체를 시장에 반납해야 한다. 심할 경우, 상승장에서 번 수익뿐만 아니라 당신의 자산 모두가 사라질지도 모른다.

시장은 가혹하다. 한 번의 실수조차 용납하지 않는다. 내가 빈틈을 보이면 모든 자산을 빼앗아간다. 오류를 줄이고 성공하기 위해서는 '주식 근육'을 만들어야 한다. 주식 근육이란 주식 사이클을 공부해 기본기를 튼튼히 하는 것을 말한다. 개별 주식은 하락장이 시작되면 동반 폭락한다. 기본기를 튼튼히 하는 주식 근육을 만들어 경제 위기나 각종 변수에 내성을 기르면 하락장에서도 수익을 낼 수 있다. 사이클을 읽지 못한다면 개별 투자는 언젠가 실패하게 되어 있다.

이 책은 총 5장으로 구성되어 있어 모두 공부하고 나면 주식 근육이 탄탄하게 만들어지는 경험을 할 수 있다. 상승장과 하락장을 볼 줄 알게 된다는 것은, 답을 알고 시험을 보러 들어가는 것이나 다름없다. 의외로 수익이 가장 크게 나는 구간은 남들도 다 뛰어드는 버블 구간이 아니다. 증시가 폭락하고 반등하는 구간에서 용기를 내어 주식을 매수할 때 큰 부가 뒤따른다. 이 책은 상승장에서 수익 60%를 목표로 하고 하락장에서 20% 수익을 얻는 방법 또한 제시한다. 이를 반복한다면 자산이 10억 원으로 불어나는 마법 같은 방법 또한 시뮬레이션 해볼 수 있다.

1장에서는 사이클을 알아야 투자에 성공할 수 있는 근거를 알아본다. 사이클 안에서 움직이는 상승 패턴과 하락 패턴에 대해 분석해보고 시장 사이클이 어떠한 방식으로 순환하는지 알아본다.

2장에서는 대부분의 사람들이 주식투자에 실패하는 요인에 대해 살핀다. 특히 매번 똑같은 실수를 반복할 수밖에 없는 이유를 해체해 분석해본다. 주식투자 사이클을 알기 전 각자의 문제점을 객관화하는 작업도 중요하다. 나쁜 습관을 내 몸에서 완전히 제거했을 때 처음부터 다시 시작할 힘이 생긴다. 2장을 통해 투자 습관을 초기화하고 새롭게 시작한다는 마음가짐으로 읽어갔으면 한다.

3장에는 상승장에서 다음 하락장(기회 구간)을 준비하는 다섯 가지 비법이 담겨 있다. 버블은 반드시 꺼진다. 이는 불변의 법칙이다. 투자에 실패하는 가장 큰 요인은 하락장에서 빠져나오지 못하기 때문이다. 대부분 자신은 하락장이 오기 전에 빠져나올 수 있다고 착각하지만, 시장은 대중을 속이는 장치를 여럿 만들어두었다. 냉정하지 못하고 투자 기준이 명확하지 않다면 하락장이 시작됐을 때 손실 없이 빠져나오기 힘들다. 가혹하지만 다시는 투자 시장에 참가하지 못할 정도로 손해를 볼 수 있는 구간이 버블 구간 이후 하락장이다.

4장에는 하락장(폭락 구간)에서 기회를 엿보는 다섯 가지 전략이 담겨 있다. 하락장 끝자락에서 주식을 매수할 수 있다면 누구나 부자가 될 수 있다. 하지만 막상 하락장이 끝나는 시점에 현금이 없거나 추가 폭락에 대한 두려움에 선뜻 주식을 매수하지 못한다. 이 두 가지를 극복하기 위해 두려움을 이기고 매수할 수 있는 다섯 가지 지표를 제시한다. 현금을 들고 있을 때 두려움을 극복한다면 부자가 될 수 있다.

5장은 3장과 4장에서 습득한 지표를 투자로 연결하는 방법을 알아본다. 공부만 하고 실전에 적용하지 않는다면 아무 의미가 없다. 주식 사이클을 매일 확인하고 투자하기 전 사이클 투자에 적합한 마인드셋을 키운다. 여기서는 이제까지 배운 지표를 바탕으로 텐버거(10배 주식) 투자법, 하락장에서 수익 내는 헤지 전략, 안전하게 수익 내는 433 투자 법칙, 피해야 하는 위험 요인까지 공부해본다. 이를 체화시킨다면 기본기가 튼튼한 주식 근육이 만들어질 것이다.

나는 동료들이나 지인들이 투자에 실패하는 모습을 볼 때마다 항상 안타까웠다. 인플레이션 위기 속에 100만 원이라도 더 벌어보겠다고 주식 시장에 뛰어들었지만, 오히려 100만 원을 손해 보는 사람이 너무 많았다. 주식은 위험자산이기 때문에 원금이 보장되지 않는다. 하지만 사이클을 읽어낸다면 분명 이전과 다른 신세계를 체험하게 된다. 실패 요인과 성공 요인을 알려주는 사람이 없어서 주먹구구식으로 투자를 해왔던 사람들에게 이 책이 도움이 되었으면 좋겠다. 나 또한 수많은 실패와 경험 끝에 이런 지식을 공유할 수 있게 되었다. 과거의 실패는 모두 날려버리자. 미래에는 사이클을 읽고 성공한 당신이 서 있을 것이다.

일러두기

- 본 도서에 실린 도표 중 일부는 저작권자를 찾지 못했습니다. 확인되는 대로 정식 절차를
  밟아 진행하겠습니다.
- 잡지와 신문, 도서명은 《 》로, 영화와 방송 프로그램, 기사명은 〈 〉로 표기했습니다.

1장

잃지 않는 투자 비법,
사이클을 읽는 힘

주식투자는
사이클이다

자는 동안에도 돈이 들어오는 방법을 찾지 못한다면
당신은 죽을 때까지 일해야만 할 것이다.

워런 버핏(Warren Buffett, 버크셔해서웨이 회장)

주말이면 가끔 탄천에 자전거를 타러 간다. 자전거도로를 따라 개울이 흐르고 반대편에는 풀숲이 우거져 있다. 업무에 치여 머리가 복잡할 때 자전거 페달을 힘껏 밟으면 머리가 개운해지는 기분이다. 자전거 바퀴를 유심히 관찰해보면 움직임을 반복한다는 것을 알 수 있다. 탄천에 사계절이 매년 반복되는 것처럼 주식시장도 사계절처럼 일정한 패턴을 반복한다. 이를 우리는 '사이클'이라고 부른다.

주식투자에도 사이클을 적용해볼 수 있다. 상승장과 하락장은 늘 반복된다. 사람의 욕심과 희망, 절망과 공포, 세계 경제의 흐름과 맞물려 시장은 일정한 사이클을 반복한다. 부동산 시장의 사이클이 보통 10년 주기로 움직인다고 이야기하는데, 주식시장의 사이클은 대체로 3년에서 4년 주기를 보이며 상승과 하락을 반복한다.

개별 주식투자만 잘해도 되는데 왜 증시 사이클을 알아야 할까? 날씨가 1년 내내 좋다면 더할 나위 없이 풍요롭게 지낼 수 있겠지만, 변수는 언제든 발생할 수 있다. 아무리 좋은 집을 짓고 건축 기술이 발전해도 자연에서 발생하는 예기치 못한 위기를 만나면 온몸으로 받아들일 수밖에 없다. 아무리 발버둥 쳐도 자연을 거스를 수는 없는 게 세상 이치다.

자연재해를 주식시장에 비유하면 경제 위기와 같다. 주식투자에 일정한 성공 방정식이 존재하지 않는 이유는 간단하다. 경제가 살아 움직이기 때문이다. 과거 100년 동안 모든 데이터를 분석해도 같은 공식으로 성공한 투자 방법은 없었다. 인간이 할 수 있는 것은 증시 사이클을 분석하며 비중 조절을 통해 위기에 대응하는 것뿐이었다.

사이클이 먼저다

인간은 자연에서 오는 변수에 대응할 뿐이다. 주식시장도 마찬가지다. 경제 흐름 속에 상승장과 하락장이 만들어진다. 아무리 개별 주식투자에 특화되어 있더라도 경제 위기 속에서는 속수무책일 수밖에 없다. 즉, 개별 주식보다 상위 개념은 사이클이고 우리에게 다가오는 경제 위기는 인간이 좌지우지할 수 있는 영역이 아니다.

투자에 성공하기 위해서는 개별 투자 이전에 기초 지식인 사이클을 읽어나가는 연습이 우선돼야 한다. 상승장이 시작되면 투자 성공

	(상위 개념)		(하위 개념)
	증시 사이클	$\longrightarrow$	**개별 주식**

확률이 매우 높아진다. 우리가 용기를 내어 투자해야 하는 시점은 상승 사이클이 본격적으로 시작하는 시기다. 하지만 상승장 또한 영원히 계속되지 않는다. 자연에도 사계절이 찾아오는 것처럼 추운 겨울이 지나가면 봄이 온다. 실제 수익이 나는 구간은 상승장임에도 하락장에 투자를 이어간다면 경제 위기라는 변수에 휩쓸려 떠내려갈 수밖에 없다. 하락장이 시작되면 아무리 뛰어난 투자자라 하더라도 수익을 내기 힘들다. 증시가 폭락하면 개별 주식도 동반 폭락하기 때문이다.

상승 패턴

증시는 큰 배와 같다. 한번 상승하면 좀처럼 하락하지 않는다. 증시는 재차 하락할 것 같이 움직이기도 하지만 일정한 힘의 크기에 따라 상승과 하락 패턴을 반복하며 조금씩 상승해간다. 이를 우리는 상승 패턴이라고 한다.

상승 패턴이 시작되면 증시는 저점과 고점을 오르내리며 조금씩 고점을 높여간다. 전 세계 자본은 상승 패턴이 시작되면 증시로 몰

상승 패턴

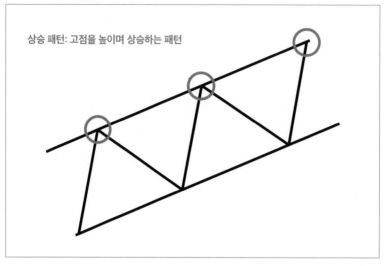

상승 패턴: 고점을 높이며 상승하는 패턴

상승 패턴이 시작될 때 주식을 매입한다면 어떤 주식을 사더라도 이익을 거둘 확률이 높아진다. 하락장이 마무리되는 시점에는 모든 주식의 가격이 본연의 가치 이하로 형성된다. 이때 현금을 들고 증시에 뛰어든다면 큰 수익을 거머쥘 수 있다.

려든다. 증시를 떠받치는 세력들이 수익을 내고 떠나기 전까지는 상승 패턴을 유지하려는 경향이 강하다. 이제까지 나는 네 번의 상승장과 하락장을 겪었다. 더블딥에 대한 공포는 늘 있었지만, 막상 더블딥은 발생하지 않았다. 이번 상승 사이클 주기에서도 마찬가지다. 언론은 미국 발 금리 인상으로 인한 하락장이 마무리되고 상승장으로 돌아서는 초입에 더블딥이 올 것이라며 공포를 자아냈지만, 한번 상승 패턴으로 방향을 튼 증시는 일정한 힘을 유지한 채 시장을 끌고 올라갔다.

주식투자는 사이클이다

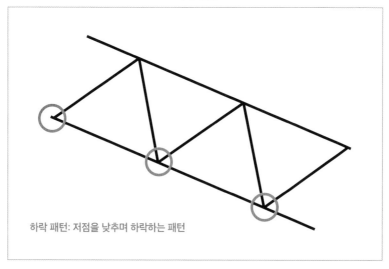

하락 패턴: 저점을 낮추며 하락하는 패턴

하락장이 시작되면 투자 성공 확률은 극히 떨어진다. 90% 이상 손실을 볼 수도 있다. 하락장에 투자하고 있다면 큰 손실을 볼 수밖에 없다. 아무리 기술이 발달한다 해도 경제 위기를 이겨낼 방법은 없다. 인간이 할 수 있는 것은 대응뿐이다.

하락 패턴

상승 또한 언젠가는 끝난다. 100년 넘는 미국의 증시 역사를 살펴봐도 시장은 계속해서 상승을 이어가지 않았다. 상승장 끝에는 하락장이 반드시 발생했고, 그다음 사이클에 이전 고점을 넘어서며 상승을 이어왔다. 증시 전체로 본다면 우상향해왔지만 세부적으로 살펴보면 상승장과 하락장이 늘 반복되며 이전 고점을 넘어서는 패턴을 보여왔다.

나스닥으로 보는 상승 패턴과 하락 패턴

| 차트 | 시간대별 | 일별 |

종가 단순 5 10 20 60 120

주

상승 패턴

하락 패턴

최고 18,366.31(-0.07%,07/01) 18,352.76 0.00%

15,432.58

12,498.86

9,565.14

최저 6,631.42(176.75%,03/23) 6,631.42

2021/02/08   2022/04/04   2023/05/22   07/08

출처: 키움증권 HTS

하락 패턴은 상승 패턴과 반대로 움직인다. 상승 패턴이 고점을 높여간다면, 하락 패턴은 저점을 낮춰간다. 하락 패턴이 시작되면 저점을 연속적으로 하향 돌파하면서 떨어지게 된다. 하락장 전에는 버블이 늘 발생했고 아이러니하게도 상승장이 끝나는 시점에서 언제나 하락장의 도화선이 되는 경제 위기의 '재료'가 출몰했다. 큰 배와 같은 주식은 언제나 상승장의 끝자락에서 하락할 준비를 해왔다.

증시는 작은 상승 패턴이 모여 상승장을 만들고 반대로 작은 하락 패턴이 모여 하락장을 만들어냈다. 증시가 상승장에 들어서면 언론에서 한없이 상승할 것같이 보도하지만, 상승에도 끝은 있다. 아이러니하게도 경제 위기는 항상 버블이 만들어지는 시기에 발생했다. 버블이 발생하면 부풀어 오를 대로 오른 내 주식을 사줄 사람이 없다. 버블에 취해 있을 때 위기는 등 뒤로 조용히 다가온다. 만약 위기를

출처: 키움증권 HTS

인지하지 못하고 버블에 취해 있다면 하락장에 돌입했을 때 지옥 같
은 시간이 찾아온다. 아무리 개별 투자에 능하더라도 하락장에서는
살아남기 힘들어진다. 인간이 자연재해를 이겨낼 수 없는 것과 마찬
가지다. 우리는 그저 위기가 발생하면 대응하는 수밖에 없다.

이 책은 기본기를 튼튼히 하는 사이클에 관한 내용을 담고 있다. 사
이클이 산이라면 주식투자는 등산과 같다. 2,000미터 정도 되는 높은
산에 오른다고 가정해보자. 초보자가 산에 대해 어떠한 분석도 하지

않고 무작정 오른다면 어떨까? 생각만 해도 위험하지 않을까?

　매번 실수를 반복하고 같은 패턴에 휘말려 손실을 봐왔다면 이제는 악순환을 끊어내야 한다. 과거의 실패를 반복하지 않기 위해서는 숲 전체를 내려다보는 투자가 우선돼야 한다. 사이클을 읽어내는 연습을 충분히 한다면 이제까지 체험하지 못한 투자 비법을 들고 증시에 뛰어들게 될 것이다. 사이클 투자가 당신을 부자로 만들어줄 것이다.

사이클을 읽지 못하면
100전 100패

**주식시장이 하락하는 것은 1월의 눈보라만큼이나 일상적인 것이다.
대비만 되어 있다면 주가 하락은 당신에게 타격을 줄 수 없다.**

피터 린치(Peter Lynch, 금융전문가)

등산을 계획했다면 신발을 단단히 동여맨 뒤, 경건한 마음으로 산 정상을 향해 발걸음을 내딛는다. 등산로 입구에서는 천천히 풍경도 감상하며 자연의 아름다움을 느낀다. 그러나 중간쯤 올라서면 주변을 돌아볼 여유가 없다. 빨리 정상을 밟고 싶은 마음뿐이다. 그렇게 산 정상에 오르면 오르는 동안에는 보이지 않던 풍경이 한눈에 들어온다. 비로소 전체를 볼 수 있게 된다. 성취감도 이루 말할 수 없다.

등정을 완수했다면 이제는 하산할 준비를 해야 한다. 등산을 상승장에 비유한다면 하산은 하락장과 같다. 산을 오를 때는 등정 목표가 있다. 목표 지점까지 오르고 나면 더 오를 수 없다.

등산보다 하산이 더 위험하다. 체중과 짐 무게가 다리에 가중되며 내리막길에 속도가 더 붙게 되기 때문이다. 따라서 등정할 때보다 하산할 때 특히 주의해야 한다. 또한 발밑의 지형과 내리막길의 모습까지 파악해야 다치지 않고 안전하게 내려올 수 있다.

등산 초보자들은 하산의 위험에 대해 생각하지 않고 등정을 목표로만 산을 오른다. 등정이 50%라면 하산의 과정 또한 50%다. 다치지 않고 지상에 도착해야 성공적으로 등산을 완수했다고 할 수 있다. 만약 하산하는 도중 넘어져 큰 사고라도 난다면 등산은 영영 내 삶에서 멀어질 수밖에 없다. 투자도 마찬가지다.

상승장이 발생하면 반드시 하락장이 다가온다

주식시장에서 손해를 본 뒤 더 이상 주식투자는 하기 싫다며 시장을 떠났다 버블 시기에 다시 돌아온 투자자, 은퇴 자금을 가지고 뛰어든 투자자, 투자 기초가 전혀 없는 투자자들은 주식시장의 하락장을 이해하지 못한다. 기초가 없는 투자자들은 상승장만을 바라보고 투자를 이어간다. 그러다 시장이 하락장으로 급격하게 전환되면 95%는 시장을 떠나고 5% 정도만 살아남아 투자를 이어나간다.

초보 투자자는 경험이 적어 하락장의 무서움을 알 리 없다. 누군가 알려주지 않는다면 하락장이 닥쳤을 때 공포의 시간을 홀로 겪을 수밖에 없다. 한두 번 큰 실패를 겪고 나면 두려움에 시장을 회피하게 되고, 자신도 모르게 똑같은 패턴의 실수를 반복하며 투자 성장을 이루지 못한다. 실패하더라도 시장을 온몸으로 따라가야 경험이 자산

주식투자는 사이클이다

으로 남고, 다음 사이클에서 이전 경험을 반면교사 삼아 성공한 투자자가 될 수 있다.

2019년, 저금리 정책으로 인해 부동산에 큰 버블이 발생했다. 버블 전에 부동산을 구매했던 사람들은 큰돈을 벌어 부자가 되었다. 하지만 이 시기 부동산에 투자한 신혼부부와 사회초년생들은 부동산 사이클이 존재한다는 것을 모른 채 시장에 뛰어들었다. 뉴스에서 상승을 외치면 나만 소외되는 듯한 마음이 들고 포모 현상(FOMO, Fear Of Missing Out, 상승 기회를 놓칠까 봐 불안해하는 현상)이 발현된다. 대중에 휩쓸려 상승장 꼭지에 레버리지를 일으켜 투자하게 된다면 돌이킬 수 없는 상황이 발생할 수 있다. 결국 코로나19 위기로 인해 풀렸던 돈이 인플레이션을 촉발하자 미국을 기점으로 금리 인상을 단행했다.

시장의 흐름은 급격히 바뀌었다. 하락장으로 대전환이 이루어진 것이다. 노련한 부동산 투자자들은 상승장이 지속하지 않으리라는 것을 알고 있었다. 이들은 이미 부동산 꼭지에서 모든 자산을 처분하고 하락장을 준비하고 있었다.

하지만 자산의 사이클을 경험해보지 않은 초보 투자자들은 '상투'에 모든 자산을 투자해 손실이 발생했고, 다음 사이클까지의 기나긴 여정 동안 빚을 갚는 데 시간과 비용을 낭비해야 할지도 모른다. 부동산 사이클은 대략 10년 주기로 상승과 하락을 반복한다. 부동산 버블 끝자락에서 레버리지를 일으켜 투자했다면 10년을 빚 갚는 데 쓸 수밖에 없다. 부동산은 우상향한다는 믿음으로 자신을 다독여 보지만

10년 동안의 이자 비용을 고려한다면 다음 상승장에 부동산이 우상향한다 해도 기회비용에서 손해가 발생할 수밖에 없다. 이처럼 자산의 상승장과 하락장을 읽어내지 못하면 자산시장에서 100전 100패할 수밖에 없다. 경험이 풍부한 투자자는 시장의 흐름을 읽고, 다음 상승장을 준비하고 있기 때문이다.

만약 자신의 투자 경험이 3년 미만이라면 아직 하락장을 겪어보지 않았을 수도 있다. 사람들은 자산시장에 상승장만 존재한다고 생각하지만, 급격한 상승은 급격한 하락을 만든다. 험한 주식시장에서 계속해서 상승하는 주식은 단 한 번도 본 적이 없다. 올라가면 반드시 내려와야 한다. 미리 준비해야 하산 과정에서 다치지 않고 훌륭히 등정을 마무리할 수 있다.

적을 알아야 100전 100승이라고 했다. 증시 전체를 읽어내는 것은 산세를 읽어내는 것과 같고 산을 오르는 건 투자를 이어나가는 것과 같다. 앞만 보고 걷다 보면 돌부리나 잔가지에 넘어져 크게 다칠 수 있다. 투자의 기본은 증시의 상승장과 하락장을 구분해나가는 것에서부터 시작된다.

대마가 무너지면
모두 하락한다

위험은 얼마나 많은 것을 잃을 수 있는지가 아니라
얼마나 잘 이해하고 있는지에 달려 있다.

레이 달리오(Ray Dalio, 금융전문가)

바둑 세계에는 대마불사(大馬不死)라는 격언이 있다. '대장은 쉽게 죽지 않는다'라는 의미다. 바둑에서 큰 흐름인 대마를 잃으면 지기 때문에 어떻게든 대마를 살려 살길을 모색해낸다는 의미기도 하다. 부동산에서 대마불사의 의미는 '강남 핵심지'다. 강남 지역의 부동산이 무너지지 않으면 부동산 전체는 하락하지 않는다는 의미로도 쓰인다. 강남 지역의 부동산이 무너지면 다른 부동산도 살아남기 힘들기 때문이다.

강남 지역의 부동산이 고점 대비 30% 이상 폭락한다면 '서울 → 경기도 → 지역권' 순으로 순차적으로 가격이 하락하게 된다. 다만 강남 지역이 고점 대비 30%가 빠졌다면 서울 주요 지역은 35% 정도 하락하게 되고, 경기도는 40%가 하락한다. 지역권은 50% 이상 하락하게 된다. 즉, 강남 부동산이 기침하게 되면 그 뒤를 따르는 주요 부동산은 몸살에 고열을 앓게 된다. 비트코인도 마찬가지다. 비트코인이라는 대마 뒤에는 알트코인이 존재한다. 비트코인이 5% 정도 하락한다면 알트코인은 30% 이상 하락하는 날도 비일비재하다.

주식시장도 대마가 무너지는 순간 하락장을 맞이했다. 하지만 주식에도 대마가 있다는 것을 모르고 투자하는 사람이 대부분이다. 증시에는 시장의 관심을 블랙홀처럼 빨아들이는 상징적인 주식이 존재한다.

증시는 폭락한 후 상승장으로 돌아서는 과정에서 재차 하락할 것같지만 상승 패턴을 유지하며 다음 하락 패턴이 발생하기 전까지 꾸준히 우상향하게 된다. 이러한 상승 패턴의 중심에서 대마가 탄생하게 된다. 대마를 필두로 시장은 강하게 상승세를 이어가고 대마가 죽는 순간 하락장이 시작된다. 따라서 상승장에 들어서면 대마가 무엇인지 파악해야 한다.

대마를 파악하는 방법은 간단하다. 뉴스에서 상승장을 이끌어가는 주식을 소개하며 이슈를 만들어내기 때문이다. 그럼 이번 상승 사이클을 끌고 가는 대마는 무엇일까? 바로 엔비디아다. AI 기술의 최대 수혜주로 손꼽힌다. 이전 주기의 대마로는 테슬라가 있었다. 그전에는 스마트폰 열풍을 일으킨 애플이었다. 그런데 왜 대마의 흐름을 읽어야 할까?

상승장 패턴

미국 증시 상승 ➔ 대마(엔비디아) 급등 ➔ 국내 증시 상승

➔ 삼성전자 상승 ➔ 개별 주식 상승

하락장 패턴

대마(엔비디아) 하락 ➔ 미국 증시 하락 ➔ 국내 증시 하락

➔ 삼성전자 하락 ➔ 개별 주식 하락

현재 세계 증시의 시가총액 75%는 미국 기업이 차지하고 있다. 코카콜라, 테슬라, 마이크로소프트, 버크셔해서웨이 등 세계적 기업이 즐비하다. 이뿐만 아니라 미국에는 다양한 제품들을 생산하는 세계적 기업이 다수 존재한다. 세계 증시의 대장인 미국이 무너지면 전 세계 증시는 폭락을 맞이한다. 그러므로 현재 한국 증시에만 투자한다 하더라도 미국 증시를 예의주시해야 한다. 그중에서도 미국 증시를 이끄는 대마에 관심이 없다면 하락장이 들어섰을 때 내가 가지고 있는 주식이 왜 하락하는지 모른 채 손실을 볼 수밖에 없다. 부동산에 투자했지만, 강남 시세를 확인하지 않고 투자하는 것과 같은 이치다.

이전 주기 당시, 코로나19로 인해 증시는 단기간에 대폭락했다. 미국이 경기침체를 막기 위해 돈을 푸는 양적 완화 조치와 저금리 정책을 동시에 취하자 유례를 찾아보기 힘들 정도로 단기간에 버블이 발생했다. 이 과정에서 테슬라는 최대 혜택을 받고 전 세계 투자자들에게 대마라는 상징을 부여받았다. 국내 투자자들도 '천슬라'를 외치면

서 테슬라 투자에 뛰어들었지만, 이미 오를 만큼 오른 테슬라는 고점을 형성한 뒤 2021년 11월 미국 증시와 함께 하락장에 돌입했다. 만약 국내 주식에만 투자하고 있었다면 금리 인상으로 인해 하락이 발생했다고 생각할 수도 있다. 그러나 이미 바닥에서 1,000% 가까이 상승한 대마인 테슬라를 살펴보았다면 어떠한 이유로도 투자할 수 없는 위치에 있다는 것을 알 수 있다.

나는 사람들이 테슬라 주식에 열광하던 버블 구간에서 다섯 가지 지표를 확인하고 하락장으로 진입하리라는 것을 알 수 있었다. 사람들의 욕망으로 주식이 급격히 상승했다면 반드시 급격히 하락하게 되어 있다. 이는 주식시장의 순리이자 불변의 법칙이다. 나는 모든 주식을 현금화하고 하락장을 대비했다. 하락장에 대비하는 전략이 없다면 상승장에 번 모든 수익을 시장에 반납하고 고통스러운 시간을 보낼 수밖에 없다. 따라서 국내 개별 주식에 투자하더라도 세계 증시의 대장인 대마의 흐름을 꼭 읽어내야 한다.

엔비디아 역시 고점 대비 1,000% 이상 상승한 후 급등락을 반복하고 있다. 뉴스에서는 연일 '천비디아'를 외치며 증시의 버블을 만들고 있다.

이전 주기 대장주인 나스닥과 테슬라의 고점 비교

출처: 키움증권 HTS

출처: 키움증권 HTS

사례 1.

현재 국내 주식에 투자하고 있으며 상승장 기간 동안 30% 수익이 발생했다. 시장은 더 오를 것 같다. 20%의 추가 수익 목표를 설정하고 투자 중이다.

이번 상승장의 대장주인 엔비디아는 피뢰침 현상(급격하게 상승하는 모양)을 보이며 바닥에서 1,000% 가까이 상승했다. 추가 상승 여력이 남아 있을지 모르지만 투자를 이어나가기 불안한 구간이다. 어떤 선택을 해야 할까?

답변.

국내 증시만 살펴본다면 코스피는 크게 오르지 않은 상태다. 아직 수

이번 주기의 대장주인 엔비디아

출처: 키움증권 HTS

주식투자는 사이클이다

익은 만족스럽지 못하지만 냉정하게 따져봐야 한다. 2024년 상승장에서 국내 증시는 철저히 소외당했다. 다음 상승장을 노리자. 70%를 현금화하고 나머지 30%만 투자하는 결정을 고려해봐야 한다.

사례 2.

국내 주식에 투자하고 있으며 상승장 기간임에도 15% 손실을 보았다. 미국 증시는 전고점을 넘어서며 연일 급등한다는 뉴스가 흘러나온다. 나만 손실을 보고 있는 것 같아 회의감이 든다. 국내 증시는 대장인 삼성전자를 필두로 조정을 받고 있다. 미국 증시를 확인해보니 엔비디아는 급격한 상승 중이다. 어떤 선택을 해야 할까?

답변.

하락장에 접어들면 15%의 손실은 40% 이상으로 커질 수 있다. 아깝더라도 지금 끊고 나와야 할 수 있다. 손실을 확정하고 헤지 수단으로 자산을 이동한 후 다음 상승장을 노려보는 게 현명해 보인다.

국내 증시가 오르지 않은 시점에서 미국 증시는 연일 전고점을 돌파하고 시장의 대마인 엔비디아도 이미 버블 구간에 진입했다고 판단된다. 상승 사이클이 끝나고 하락 사이클로 넘어가는 시점에도 미련 때문에 시장에 남아 투자하고 있다면 더 큰 손실과 시간적 기회비용이 발생할 수 있다. 증시 주기는 3년에서 4년이다. 만약 시장의 사이클과 반대로 투자한다면 3년이라는 시간을 허송세월할 수밖에 없다.

tip.

인베스팅닷컴(investing.com)에서 미국 증시 대장(이번 사이클의 경우 엔비디아)의 흐름을 1분 만에 확인할 수 있다. 엔비디아 한 주를 산 뒤 관심을 가지고 관찰해보자. 한 주라도 가지고 있다면 세계 증시의 대장주에 관심이 생겨 투자 흐름을 더 빠르게 읽어낼 수 있다.

• 국내 증시 투자: 세계 증시 대장주를 한 주 매수한 뒤 흐름 관찰
• 알트코인 투자: 비트코인에 3만 원 정도 투자한 후 흐름 관찰
• 지방 부동산 투자: 부동산 검색을 통해 강남 지역 아파트 시세 관찰

숲을 보지 않고 투자하는 건
눈을 가리고 길을 걷는 것

곤경에 빠지는 이유는 몰라서가 아니다.
확실하게 안다는 착각 때문이다.

마크 트웨인(Mark Twain, 소설가)

퇴사 후 개인 사업에 뛰어든 선배가 있다. 그는 비트코인에 투자하고 있었고 나 또한 전체 투자 금액의 10% 이내에서 코인 투자를 하고 있었다. 투자자들은 반감기로 인해 비트코인이 더 오른다고 보았지만 비트코인의 상승 사이클과 하락 사이클은 미국 증시에 절대적으로 의지해 반응하고 있었다. 당시 월봉상 비트코인이 너무 급격히 올라 버블 구간에 진입했고 미국 증시 또한 버블이 발생하고 있어, 하락장에 진입하면 비트코인도 크게 동반 하락할 수밖에 없다고 선배에게 조언했다. 그러나 사람의 욕심은 끝이 없었다. 수익을 따로 빼놓고 원금만을 투자해야 했지만 그는 계속해서 시장이 오를 것 같은 착각에 빠졌다. 그는 오히려 모든 자산을 고점 부근까지 끌고 가 투자했고, 시장이 하락장으로 빠르게 진입하자 여태까지 힘겹게 벌어온 수익과 원금을 모두 잃었다.

2021년 10월, 비트코인은 장중 8,170만 원에 도달했다. 전문가들은 비트코인이 1억 원까지 오를 것으로 예상했고, 전 세계 매스컴에서도 대대적 이슈를 만들어내기 시작했다. 비트코인은 이전 주기였던 2020년 3월, 저점이었던 550만 원에서 2021년 4월 8,200만 원이라는 고점을 형성한 후 하락장에 접어들었다. 바닥에서 15배가량 오른 상태였다. 이후 비트코인은 3,300만 원까지 후퇴하며 단기간 상승과 하락 사이클을 만들고 2021년 10월 다시 8,000만 원 이상의 쌍고점을 형성한 후 대세 하락을 맞이했다.

비트코인이 10% 하락하면 알트코인은 50% 이상 폭락한다. 결국 100% 수익이 났다 해도 고점일 때 모든 자산이 재투자되어 있다면 비트코인이 고점 대비 30% 하락할 때 알트코인은 80% 이상 폭락하게 된다. 대마가 죽으면 관련된 모든 자산이 동반 하락하지만 개별 종목은 더 큰 하락을 겪게 될 수밖에 없다.

그 선배는 하락장에 접어들자 처음에는 버틸 수 있다고 했다. 반감기 때문에 하락한 것이라 비트코인이 충분히 1억 원을 넘을 수 있다고 이야기했다. 그러나 70% 이상 손실을 보고 나서야 자신은 투자와 맞지 않는다면서 손절매하고 시장을 떠났다. 투자 시장에서 100% 확신은 위험하다. 시장을 객관적으로 바라보지 못하고 상황에 유연하게 대응하지 못한다면 뼈아픈 실책을 범할 수밖에 없다.

시장의 자산은 안전자산과 위험자산으로 나뉜다. 안전자산은 신용이 확실하므로 원금은 보장된다는 믿음이 존재한다. 수익률은 낮을 수밖에 없다. 그 외에도 달러나 엔은 기축통화와 준기축통화로, 변동 폭이 정해져 있다. 과거 달러와 엔은 하단 800원, 상단 1,500원 부근에서 움직였다. 하지만 달러의 상승 패턴과 하락 패턴 사이의 주기는 느리므로 큰 수익을 내기는 어렵다.

반대로 위험자산은 원금이 보장되지 않는다. 수익이 크게 날 수도 있지만, 손실도 크게 날 수 있다. 대표적 위험자산인 주식이나 비트코인은 움직이는 범위를 정확히 예측할 수 없다. 그러므로 시장을 객관적으로 바라보고 사이클을 읽으며 대응하는 수밖에 없다. 위기에 봉착했음에도 고집을 부린다면 투자에 실패할 수밖에 없다. 결국 상승장과 하락장 한 사이클만 지나면 대부분 실패해 시장을 떠나게 되는 현상이 반복해서 발생한다. 그래서 전체 시장인 숲을 보고 사람들의 심리를 읽어내 비중 조절을 통해 시장에 대응하는 수밖에 없다는 결론에 이르렀다. 이는 워런 버핏도 사용하는 전략이지만, 사람들은 세계 1등의 투자 방식을 외면한 채 빨리 벌고 싶은 욕망에 급등 주식, 테마주, 이슈 관련주에 투자하다 크게 손실을 보고 시장을 떠났다가 다음 버블 구간에 다시 돌아와 투자하는 악순환을 반복하게 된다.

시장에 유연하게 대응하지 않으면 왜 실패할 수밖에 없는지 비트코인 고점과 나스닥 고점을 비교해 확인해보자. 비트코인은 위험자산인 미국 증시를 추종하며 움직이는 것을 알 수 있다.

초기의 비트코인은 탈중앙화를 앞세워 위험자산인 주식과 탈동조화 현상을 보였다. 하지만 비트코인의 시가총액이 점점 커지면서 거대 투자 자본들이 비트코인에 투자하기 시작했고 시간이 지날수록

비트코인과 나스닥 차트 고점 비교: 나스닥

차트	시간대별	일별

종가 단순 5 10 20 60 120

월

최고 17,235.73(-0.60%,2024/06)

하락장 진입   상승장 진행

17,133.13
2.38%

13,601.35

9,966.97

6,332.59

최저 4,209.76(306.99%,2016/02)

2,698.22

2017/04   2019/09   2022/02   24/06

출처: 키움증권 HTS

위험자산의 대표격인 엔비디아를 따라가는 흐름이 만들어지고 있다.

코인판(coinpan.com) 사이트를 관찰하면 그 흐름이 더 잘 보인다. 제롬 파월(Jerome Powell) 연방준비제도 의장이 연설하는 날이면 비트코인 가격은 요동을 친다. 게시판은 미국 시장의 흐름을 분석하는 글들로 도배된다. 비트코인에는 반감기도 존재하기는 하지만, 실질적으로 미국 증시의 흐름을 따라가고 있다고 판단할 수밖에 없다.

2024년 4월, 900달러까지 상승하던 엔비디아가 750달러까지 하락하자 1억 원을 넘겼던 비트코인 또한 8,000만 원까지 조정을 받았다. 그러나 엔비디아가 재차 상승하며 1,200달러까지 올라가자 비트코인 또한 상승했다. 대마가 죽지 않자 비트코인 또한 살아났다(이는 액면분할 전 가격으로, 현재 엔비디아는 10대 1의 액면분할을 시행한 상태다).

40   주식투자는 사이클이다

출처: 업비트

따라서 미국 주식에 투자하지 않고 있다 하더라도 위험자산에 속해 있는 주식, 비트코인, 알트코인에 투자하고 있다면 대장주인 엔비디아를 살펴봐야 한다. 또한 나스닥을 보지 않는다면 전체 시장을 읽어내기 힘들 수밖에 없다.

대장주가 급격한 상승으로 피뢰침 현상(버블)을 보인다면 어떠한 판단을
해야 할까?

현금 비중을 조절해 남들보다 한 발짝 빠르게 다음 시장을 준비하는 게 현
명해 보인다. 비트코인에 투자한다면 미국 증시를 확인해야 한다. 증시 대
장인 엔비디아의 흐름을 놓치고 있다면 현재 구간이 버블이라는 것을 인지
하지 못하고 투자하는 것과 같다.

사람들은 결정을 내릴 때 남에게 의지하려는 편향이 강하다. 자산도 마찬가
지다. 개별 독립체로 움직이는 것 같지만 모든 자산은 유기체처럼 연결되어
있고 끝자락에는 대마가 존재한다. 대마가 하락장으로 들어서면 모든 자산
은 동반 하락할 수밖에 없다.

주식투자는 사이클이다

곰과 황소라는
두 개의 덫

**투자와 투기를 확실히 구분하는 것이야말로
성공의 비결이다.**

워런 버핏

주식투자의 재야 고수였던 박경철 의사가 1997년도 SK텔레콤 주식을 1만 원에서 1만 2,000원 사이에 장외 매입해 최종적으로 520만 원에 매도했다는 일화는 매우 유명하다. 그는 이동전화 분야가 큰 시장이 될 것으로 예측했지만 당시 상장 종목에 이동통신 회사가 없다는 것을 알았다. 그는 장외시장으로 눈을 돌려 SK텔레콤의 전신인 한국이동통신을 매입했다. 그는 자신이 투자하게 된 이유를 헨리 포드(Henry Ford)가 자동차를 처음 만들었을 때와 비교했다. 그는 앞으로 전 국민에게 휴대전화가 보급되는 시대가 올 것이라고 판단했다고 했다. 그는 한국이동통신을 비롯해 한솔엠닷컴, 한국통신프리텔, LG텔레콤 등 통신 관련 주식들을 장외에서 사 모았고 결국 1999년 SK텔레콤을 520만 원에 매도했다.

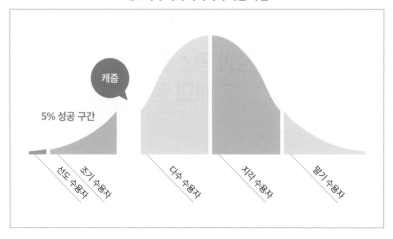

제프리 무어의 아이디어 확산 곡선

캐즘

5% 성공 구간

선도 수용자 조기 수용자 다수 수용자 지각 수용자 말기 수용자

선도 수용자 → 조기 수용자 → 다수 수용자 → 지각 수용자 → 말기 수용자

(정보 빠름)   (정보 늦음)

출처: 《제프리 무어의 캐즘 마케팅》

제프리 무어(Geoffrey A. Moore)는 《제프리 무어의 캐즘 마케팅》에서 새로운 아이디어가 사람들 사이에 어떻게 퍼지는가를 설명했다. 캐즘은 균열이나 틈이라는 뜻을 지니고 있다. 한 해에도 수많은 신기술과 제품들이 쏟아져 나오지만, 성공한 제품과 서비스는 극히 일부분에 불과하다. 대부분의 제품은 작은 시장에서 주류 시장으로 넘어가지 못하고 실패하는데 그 간극과 틈을 캐즘이라고 한다. 제품의 이러한 확산은 특정 곡선을 따라 이루어지는데, 그 출발점에는 선도 수용자인 이노베이터(innovatiors)와 조기 수용자인 얼리어답터(early adopters)

가 있고, 다수 수용자(majority) 등을 거쳐 말기 수용자(lag-gards)에게 퍼진다. 무어는 혁신 제품에 초점을 맞추었지만, 아이디어 확산 곡선에 나타난 통찰력은 다른 상품이나 서비스에도 적용할 수 있다.

주식의 비약적 상승이 이루어졌던 시기에는 시대의 패러다임을 바꿀 만한 혁신 기술이 존재했다. 혁신 기술이 탄생하게 되면 무어의 아이디어 확산 곡선과 일치하는 현상이 시대를 관통한다. 사람들은 처음 혁신 기술을 살필 때면 이를 받아들여도 되는지 몰라 머뭇거린다. 하지만 언제나 기술의 비약적 발전을 예측해 먼저 투자하는 사람들이 존재한다. 마케팅에서는 이들을 이노베이터(선도 수용자)라고 이야기한다. 이들은 대중이 인지하기 전에 제품을 미리 공부하고 기술을 예측해 사용한다. 그 뒤에 조기 수용자인 얼리어답터가 바통을 이어받는다. 이후 망설이던 대중이 본격적으로 제품을 사용하게 된다. 마지막으로 모든 이슈가 끝나고 다음 패러다임이 등장할 때쯤 시장에 뛰어드는 말기 수용자도 있다.

5%의 선도 수용자가 기술을 빠르게 이용하고 몇 발짝 앞서 나간다면 95%는 대중화가 될 때쯤 뒤늦게 시장에 뛰어들게 된다. 박경철 의사는 무어의 아이디어 확산 곡선에 따르면 선도 수용자였다. 이러한 기술의 패러다임은 항상 존재한다. 세심한 관찰력을 바탕으로 미래를 예측해 타인보다 앞서 준비하는 자세를 취할 때 대중과 반대의 길을 걸어 성공한 5%로 남게 된다. 마케팅에서 무어의 아이디어 확산 곡선이 적용되고 있다면 주식투자에서는 하이먼 민스키 심리 곡선이 존재한다. 이는 무어의 아이디어 확산 곡선과 닮아 있다.

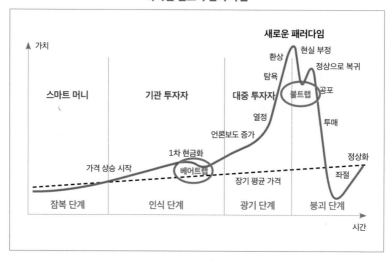

하이먼 민스키 심리 곡선

새로운 패러다임

가치

스마트 머니   기관 투자자   대중 투자자   불트랩

환상   현실 부정
탐욕   정상으로 복귀
열정   공포
언론보도 증가   투매
1차 현금화   정상화
가격 상승 시작   베어트랩   좌절
장기 평균 가격

잠복 단계   인식 단계   광기 단계   붕괴 단계

시간

베어트랩(하락장을 마무리하는 시점)

투자 성공 확률이 매우 높아지는 시점: 자산이 퀀텀 점프하는 시기

불트랩(상승장이 끝나고 하락장으로 접어들기 전 시점)

투자 성공 확률이 매우 낮아지는 시점: 자산이 급격히 하락하는 시기

* 베어트랩: 주식 차트에서 보이는 캔들 패턴으로 약세장이 강세장으로 변하는 시점을 의미한다.
* 불트랩: 박스권 상단 고점으로, 황소가 붉은색을 보고 달려드는 것처럼 강세장인 줄 알고 들어갔
  으나 약세장이 시작되는 시점을 의미한다.

　　하이먼 민스키 심리 곡선에는 두 가지 덫이 존재한다. 주식은 상승
과 하락을 반복한다. 상승의 끝자락에는 하이먼 민스키 심리 곡선에
서 보듯 환상과 탐욕이 자리한다. 베어트랩 구간에서 투자한 투자자
들은 환상과 탐욕 구간에 도달할 때 주식을 한발 빠르게 매도하고 이

후의 시장을 준비한다. 반대로 뉴스를 통해 이슈가 대중에게 전달될 때쯤 시장에는 본격적으로 불이 붙는다.

하지만 시장이 뜨겁게 달아오르고 대중이 모두 시장에 참가할 때는 불트랩(덫)이 대중을 삼킬 준비를 하고 있다. 광기도 끝은 나는 법이다. 대중은 무어의 아이디어 곡선에 나와 있는 것처럼 지각 수용자나 말기 수용자가 되어 버블 폭탄을 모두 받아낸다. 심지어 남아 있는 돈까지 끌고 와 추가 매수하게 된다. 이후 투매와 좌절을 통해 백기를 들 때쯤 시대의 패러다임이 바뀌는 기술이 나타나게 된다. 대부분의 투자자는 이전 사이클에 참패하고 시장을 떠난 뒤라 시대의 패러다임이 바뀌는 기술을 알아차리지 못한다. 미리 시장을 예측한 5%만이 다음 패러다임이 바뀌는 시기에 또 다른 사이클을 즐기며 성공을 맛보게 된다.

베어트랩은 기분 좋은 덫이다. 곰이 겨울잠을 자듯 납작 엎드려 미래를 준비한다. 베어트랩은 부동산 분야에도 적용할 수 있다. 부동산은 10년 주기로 움직이는데 보통 상승 3년, 하락 3년, 기나긴 겨울잠을 자는 베어트랩 4년으로 이루어진다. 기나긴 겨울잠을 충분히 잘 자야 다음 상승장의 달콤한 성과를 얻을 수 있다. 뒤늦게 참여한다면 불트랩이란 덫에 빠져 빚을 갚는 데 시간을 허비할 수밖에 없다.

주식 또한 비슷하게 움직인다. 하락장이 마무리될 때쯤 시장은 약간의 상승과 하락을 반복하며 더블딥이 올 것 같은 공포를 드러낸다. 이때가 베어트랩 구간이다. 시장은 한 번에 하락장을 마무리하고 상승장으로 진입하지 않는다. 수치가 오락가락하며 두려움과 공포가

역사적 패러다임	
닷컴 패러다임	1995년 말 ~ 2000년 초(닷컴, 인터넷 기업)
스마트폰 패러다임	2009년 말 ~ 2018년 초(애플)
전기자동차 패러다임	2020년 초 ~ 2022년 말(테슬라)
AI 패러다임	2023년 초 ~ 2024년 진행 중(엔비디아)

동시에 존재할 때 대중은 머뭇거리며 투자를 망설인다.

　베어트랩 구간 즉, 내 자산을 퀀텀 점프할 수 있는 절호의 기회가 생기더라도 용기 있게 투자하기란 쉽지 않다. 불트랩은 기분 나쁜 덫이다. 우리의 자산을 옭아매는 절망의 덫이다. 대중에게 알려질 때쯤이면 정보는 가치를 잃어간다. 대중이 광기에 취해 있을 때 투자하고 있다면 곧 어두운 구렁텅이에 빠질 수밖에 없다. 우리의 자산을 퀀텀 점프할 수 있는 시기는 불트랩 구간이 아니라 베어트랩 구간에 있다.

한미반도체로 보는 베어트랩과 불트랩

출처: 키움증권 HTS

베어트랩에서 투자하는 방식은 내가 자주 사용하는 전략 중의 하나다. 나는 베어트랩 구간은 떨어질 염려가 적은 투자 방식이라고 이야기하며, 불트랩 구간은 떨어질 일만 남은 구간이라고 이야기한다. 경험상 베어트랩에 들어가 투자한다면 승률은 80% 이상이었다. 반대로 불트랩 구간에 들어가 투자한다면 실패 확률이 80% 이상이다. 단기 트레이더가 아닌 이상, 불트랩 구간에서 투자한다면 이후 버블이 꺼지며 하락장이 시작될 때 빠져나오기 힘들다.

개별 주식도 마찬가지다. 뉴스에 정보가 소개될 때쯤이면 불트랩 구간에 있을 가능성이 매우 높다. 만약 그럼에도 투자하고 싶다면 어떠한 선택을 해야 할까?

아쉽지만 가슴을 차갑게 식히자. 이번 기회는 나에게 찾아온 기회가 아니라고 인정해야 한다. 만약 대중과 같이 편승해 뛰어든다면 실패할 확률이 높아질 수밖에 없다. 비록 이번 기회를 놓쳤지만, 시각을 달리하면 아직도 수천 개의 회사가 기회로 남아 있다. 자신만의 기준으로 정보를 구분하는 능력을 키워나가야 한다.

과거 나는 베어트랩과 같은 기업만 찾아 투자했다. 베어트랩 구간에서 투자하게 된다면 초반에는 지루할 수 있다. 하지만 좋은 기업을 잘 발굴해낸다면 투자 성공 확률은 80% 이상이었다. 기업의 가치를 알아보고 남들과 반대로 베어트랩 구간에서의 투자 기준을 만들어야 한다. 스스로 두 구간을 나누어 투자할 때 투자 성공 확률은 급격히 높아진다.

주식투자는 사이클이다

6

사계절 순환 패턴이
성공의 비밀

공포 → 의심 → 관망 → 환희 → 공포
봄 → 여름 → 가을 → 겨울 → 다시 봄

날씨에 사계절이 존재하는 것처럼 주식시장에도 봄, 여름, 가을, 겨울이 존재한다. 주식시장의 사계절을 구분하는 투자법은 이 책을 관통하는 핵심 키워드다. 주식을 사계절로 분류하는 이유는 보이지 않는 현상을 객관화하기 위해서다. 나 또한 과거에 기준이 없었을 때는 시장의 유혹을 참기 힘들었다. 투자하고자 하는 회사를 분석하고 잘 선정했음에도 테마주나, 급등 주식이 시장을 잠식하면 나도 모르게 급등 주식을 고르고 있었다. 항상 뒤늦게 들어가 투자하던 시점은 '상투'였다.

결국 자신만의 기준이 없다면 시장에서 살아남을 수 없다는 결론에 이르렀다. 이를 연구하고 적용하다 보니 워런 버핏도 비슷한 방법으로 투자를 이어나가고 있다는 것을 알 수 있었다. 이제 주식시장을 사계절로 나눠 단계별로 자세히 분석해보고 각자의 투자 인생에 적용해보자.

봄, 공포로 인해 선뜻 뛰어들기 힘든 시기

주식시장의 봄 단계는 버블이 터진 뒤 하락장 끝에서 상승장으로 들어서기 전의 공포 단계다. 상승장에서 배를 불려주던 시기는 끝났다. 하락장에 진입하면 공포와 좌절로 인해 투매가 발생한다. 하락장의 끝자락에 더는 참지 못하고 시장을 떠나야겠다면서 백기를 드는 투자자가 나오기도 한다.

자연에서 봄은 추운 겨울을 이겨내고 새싹이 싹을 틔우는 시점이다. 추위와 희망이 공존한다. 주식시장도 마찬가지다. 겨울(버블 구간)을 지나 하락장의 끝자락인 봄에는 공포와 다음 상승장에 대한 희망이 동시에 공존한다. 추가로 하락할 것 같은 공포로 인해 선뜻 주식을 매입하지 못하는 시기기도 하다. 겨울(버블) 단계에서 빠져나오지 못했다면 현금이 없어 절호의 기회를 놓치는 시기기도 하다.

봄에 우리는 어떤 준비를 해야 할까? 확보해둔 현금으로 주식을 매수하면 된다. 겨울 구간(버블)에서 미리 다음을 준비해야 한다. 나는 겨울 구간에 현금을 70% 정도 확보한 뒤 헤지 전략을 세워둔다. 최대 30%만 버블 구간(겨울)에 남겨두고 나머지는 봄의 시기에 투자할 자금으로 준비해야 한다. 이때 남겨둔 30%의 자금에 문제가 발생하더라도 70%의 자금은 끌고 오지 않아야 한다. 버블이 터질 것 같은 징조가 보인다면 나머지 30%의 주식마저 현금화하고 다음 봄의 시기를 준비해야 한다. 현금이 있어야 투자 기회가 온다. 자산이 가장 크게 퀀텀 점프할 수 있는 구간은 봄의 시기다.

---

tip.

봄에는 모든 자산이 투자에 들어가 있어도 좋다. 하지만 증시의 바닥을 정확히 찾아낼 수 없으므로 원하는 구간이 오면 분할 매수를 통해 주식을 매입해야 한다.

여름, 더블딥의 공포로 두려움이 가득한 시기

여름은 본격적으로 상승하기 직전의 단계다. 주식시장에 뛰어들어야 하는지를 여전히 의심하는 시기기도 하다. 증시는 상승과 하락을 반복하며 또다시 폭락이 올 것 같은 더블딥(추가 하락)의 공포를 만들어낸다. 하락장인 봄 단계를 잘 보냈다 하더라도 여름에 더블딥의 공포를 이겨내지 못한다면 큰 이익을 거두기 힘들다. 봄의 단계에 매집한 물량이 저렴했으므로 여름 단계에서는 두렵더라도 주식을 지켜야 한다. 앞으로 더 크게 오를 것이라 믿고 오히려 한 발짝 떨어져 관망하는 시기다.

가을, 급격하게 상승하지만 대중은 관망하는 시기

가을 단계는 추수하듯 이익을 거두는 시기다. 대중의 의심을 타고 가장 빠르게 주가 상승이 이루어지는 시기기도 하다. 가을 단계에 돌입하게 되면 매매를 망설이는 대중과는 반대로 증시는 빠르게 상승세를 이어간다. 증시가 폭락했다가도 다시금 전고점을 돌파하기 시작한다. 주식시장은 빠르게 상승하지만 개인 투자자들은 눈치만 보며 매수하지 못하는 구간이기도 하다. 소문으로만 들리던 주식시장의 대장이 출몰하며 시장은 이를 중심으로 빠르게 상승한다. 패러다임이 바뀌는 기술은 여름 단계부터 들려오지만, 실질적으로 시장에 반영되는 구간은 가을부터다. 가을 구간에 뛰어드는 투자자가 있고 아예 본격적으로 겨울 구간인 버블 시점에 뛰어드는 투자자도 있다. 우리가 투자해야 할 구간은 가을이 아니라 봄과 여름이다.

가을 구간에 진입하면 각자의 기준에 맞춰 분할 매도 타이밍을 잡아나가자. 나는 전고점을 돌파하기 전후로 50%는 수익화한다. 나머지 50%만으로 봄에 매입한 주식을 끌고 간다. 봄에 투자했으므로 가을에 거둔 이익은 이미 훌륭하다. 겨울 구간에서 주식이 붕괴할지 아니면 가을 구간에 하락할지는 알 수 없다. 50% 정도를 현금화했다는 것은 봄부터 끌고 온 수익에 만족하고, 예기치 못한 변수는 나머지 50% 안에서 대응한다는 의미다. 만약 변수가 생기더라도 50%의 현금을 보유하고 있기에 다시금 투자 가회를 잡을 수 있다.

> **tip.**
> 가을 구간은 봄과 여름에 공포를 이겨내고 힘들게 매집한 주식을 수익화하는 계절이다. 증시는 버블 구간에 들어설 수도 있고 다시금 하락장이 올 수 있다. 아쉽지만 이쯤에서 이익을 거둔다면 그다음 기회를 노려볼 수 있다. 워런 버핏 또한 가을 구간에서부터 수익화하기 시작한다.

겨울, 버블로 인해 모두 환희에 빠져 있는 시기

겨울 단계는 본격적인 버블 구간이다. 그러나 대부분 투자자가 수익을 극대화할 수 있는 봄과 여름, 가을을 지나 겨울 단계에서 투자하는 실수를 저지른다. 겨울 단계는 전고점을 돌파하며, 본격적인 과열을 알리는 신호를 내보낸다.

버블이 발생하는 이유는 고점 이후로 매물대가 없어서이다. 증시를 떠받치는 세력은 가을 구간에 자신들이 매집한 주식을 수익권으로 만들어놓고 버블을 이용하기 시작한다. 주식시장의 '상징'을 만들어 대폭등을 일으킨다. 증시는 그에 힘입어 연일 전고점을 돌파한다는 뉴스로 도배된다. 가을 단계에서 탑승하지 못한 개인 투자자들은 버블 구간에 투자하는 함정에 빠진다. 버블 구간은 광기의 영역이다. 사람들의 욕심으로 인해 더욱 큰 버블이 만들어진다.

뉴스와 대중의 광기는 함정이다. 부풀어 오를 대로 오른 주식을 더는 사줄 사람이 없을 때 증시는 본격적으로 하락하기 시작한다. 전고점을 돌파한 이후 변동성이 커지며 조금씩 손실을 안긴다. 손실이 나고 있지만, 상승하는 구간도 만들어내면서 개인 투자자들을 헷갈리게 한다. 사람들은 약간의 손실을 보더라도 더 오를 것 같은 착각에 빠져 모든 자산을 주식투자에 쏟아붓는다. 이러한 과정에서 증시를 끌어올린 세력은 개인들에게 천천히 물량을 떠넘긴다. 그때 하락장의 도화선이 되는 '재료'가 출몰한다. 증시를 하락시키는 재료는 버블 구간 꼭지에서 발생하게 되는데 개인 투자자들의 허를 찔러 대응하기 어렵게 만든다.

따라서 우리는 대중이 버블에 취해 있을 때 투자 자산을 현금화해야 한다. 가을에 매도한 50%에 20%를 더해 자산의 70%는 이 시기까지 현금화해야 한다. 80%까지 매도해도 좋다. 겨울은 위기이자 기회다. 버블 구간에 취해 하락장에서 빠져나오지 못한다면 다음 번 투자기회는 영영 오지 않을 수도 있다. 하지만 현금 비중을 조절해 충분

나스닥 차트로 보는 주식시장의 사계절

차트	시간대별	일별

종가 단순 5 10 20 60 120

월

겨울

최고 18,671.07(-2.08%,2024/07) → 18,283.41 / 3.11%

전고점 돌파 지점

가을

14,900.86

여름

11,130.66

봄

7,360.45

최저 6,190.17(195.36%,2018/12)

3,590.25

2019/07   2021/03   2022/11   24/07

출처: 키움증권 HTS

히 준비해왔다면 하락장이 끝나고 다시 봄이 오는 시기에 위기를 기회로 바꿀 수 있다. 자세한 투자법은 다음 장에서 더 구체적으로 다룰 것이다.

1. 봄: 100% 주식투자(분할 매수)

2. 여름: 100% 주식투자(보유 전략)

3. 가을: 50% 주식투자, 50% 현금화(매도)

4. 겨울: 30% 주식투자, 70% 현금화(매도)

5. 다시 봄: 가을과 겨울에 수확한 현금으로 주식을 매집하는 단계(분할 매수)

겨울에는 탐욕을 부리기보다 절제해야 한다. 이제까지 투자에 실패했다면 왜 계속해서 실패하고 있는지 객관화해볼 필요가 있다. 봄 단계부터 준비를 잘해왔다면 버블 구간에 욕심을 부리지 않아도 충분히 수익이 나 있을 것이다. 수익을 꼭 현금화해두자. 우리는 다음을 또 준비해야 한다. 다음 사이클을 읽어내 성공한다면 어느새 당신은 엄청난 부자가 되어 있을 것이다.

7

워런 버핏의
숨겨진 투자 공식

천체의 움직임은 예측할 수 있지만
대중의 광기는 예측할 수 없다.

아이작 뉴턴(Isaac Newton, 물리학자)

아이작 뉴턴은 과학계에서는 천재였을지 모르지만, 주식투자에는 실패했다. 뉴턴은 투자에 실패하고 난 다음 "나는 천체의 움직임은 예측할 수 있었지만 대중의 광기는 예측할 수 없었다"라고 소회했다.

뉴턴의 첫 투자는 나쁘지 않았다. 단기간에 두세 배의 이익을 얻게 된다. 하지만 수익을 내고 나서도 주가가 계속 오르자, 그는 지인들의 돈까지 빌려 주식을 추가 매수하게 된다. 이후 버블이 터지면서 원금까지 손실을 보게 된다. 지금 돈으로 환산하면 20억 원이 넘는다고 하니 얼마나 많은 자금을 투자했는지 알 수 있다. 뉴턴이 투자했던 업체는 과거 3대 버블로 유명한 사우스시(SOUTH SEA)였다. 그렇게 아이작 뉴턴은 세상을 바꾼 물리학자이자, 광기와 탐욕 구간에서 냉정함을 유지하지 못해 실패한 투자자의 대명사로 남았다.

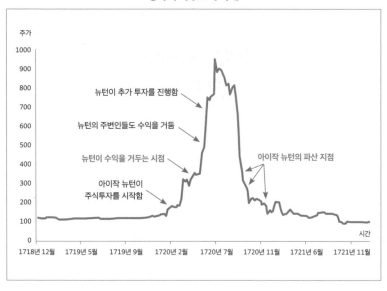

주가

1000
900
800 ← 뉴턴이 추가 투자를 진행함
700
600 ← 뉴턴의 주변인들도 수익을 거둠
500
400 ← 뉴턴이 수익을 거두는 시점
300 아이작 뉴턴의 파산 지점
200 아이작 뉴턴이
100 주식투자를 시작함
0
시간

1718년 12월 1719년 5월 1719년 9월 1720년 2월 1720년 7월 1720년 11월 1721년 6월 1721년 11월

사우스시 사태를 살펴보면 하이먼 민스키 심리 곡선 및 무어의 아이디어 확산 곡선과 묘하게 닮아 있다는 것을 알 수 있다. 이처럼 주식시장에는 똑같은 상황이 무한 반복된다. 탐욕으로 인해 버블이 만들어지고 주식이 하락하기 시작하면 공포로 인해 투매 구간이 만들어진다. 인간의 심리 패턴에 의해 상승장과 하락장이 만들어지고 같은 실수는 영원히 반복된다. 천재 물리학자조차 주식투자에 성공하지 못했다. 자신의 신념을 안고 가야만 장기간 레이스에서 지치지 않고 꾸준히 수익을 낼 수 있다.

무릎에 사서 어깨에 팔아라

전설적인 투자자인 찰스 멍거(Charles Munger)는 자신이 원하는 구간이 오지 않는다면 투자하지 않겠다는 원칙을 세웠다. 그래서 7년 동안 매매를 하지 않았다는 일화는 투자자들 사이에서 꽤 유명하다. 워런 버핏 역시 투자하지 않고 지낼 때 무엇을 하는지 보여주기도 했다. 그의 책상에는 컴퓨터 대신 수북이 쌓인 책들만 보였다. 버핏의 사진을 보고 사람들은 그가 평소 인문학을 공부하며 심리를 읽어내 투자를 이어간다는 사실을 알게 되었다. 그는 세계 1등 투자자로 매년 19%의 복리수익을 거둬 아흔의 나이에 100조 원 이상의 자산을 이루었다. 워런 버핏의 투자법이 따로 있는 것은 아니다. 하지만 분석해보니 워런 버핏 역시 사계절 투자법으로 시장에 대응하고 있다.

투자는 기술적 방식으로 움직이는 것 같지만 사람들의 심리로 인해 좌지우지되는 경우가 대부분이다. 따라서 대중의 심리를 읽고 투자한다면 기회는 늘 열려 있다. 나는 하락장의 공포를 뼈저리게 느꼈던 적이 있다. 나를 투자에 입문시킨 친구는 300만 원으로 주식을 시작해 스물일곱에 1억 원을 모았다.

그러나 1년 뒤 만난 친구는 지금까지 번 1억 원 대부분을 날렸다고 했다. 미국 금융위기 당시 적절히 대응하지 못했던 것이 패착이라고 했다. 처음에는 잠시 지켜보며 안일하게 대응했지만, 어느새 주식이 걷잡을 수 없이 하락했다고 했다. 3일 만에 30% 가까운 손실이 발생했지만 당시에는 도저히 빠져나올 수 없었다고 했다. 그러나 증시는 대폭락하며 대공황이 온다는 소문이 자자했다. 결국 그는 70% 손해를 본 상태에서 손절매하고 시장에서 빠져나왔다. 한 번의 투자 실패로 모든 것을 잃을 수 있다는 것을 알게 된 이후 나는 하락장이 오기 전에 무조건 빠져나와야 한다는 원칙을 세우고 투자했다. 그 결과물이 바로 사계절 투자법이다.

봄은 공포로 인해 투매가 발생하는 하락장의 끝자락이다. 여름은 이중침체가 올 것만 같이 재차 겁을 주는 구간이며 가을은 더블딥이 올까 걱정하는 사람들의 의심을 타고 빠르게 올라가는 시기다. 가을 구간에 빠르게 증시가 오르면 개인들은 포모에 시달린다. 70%는 관망하고 30%는 증시에 뛰어든다. 겨울 구간으로 넘어가면 사람들은 본격적으로 상승장이 시작되었다고 믿고 투자에 뛰어든다. 하지만 버블 구간은 잠시뿐, 달콤한 수익을 주고 더 큰 버블을 키워내며 모든 자산의 파이를 키워나간다.

워런 버핏은 '무릎에 사서 어깨에 파는 전략'을 취하는 투자자다. 그는 자신이 예측할 수 없는 구간인 봄(폭락)과 겨울(버블)에는 현금 비중 조절을 통해 시장에 대응하고 여름을 지나 가을 구간에 돌입할 때쯤 수익화를 하고 시장을 빠져나와 다음 사이클을 준비해나간다. 버핏은 겨울(버블) 구간에서 수익을 실현하고 현금을 쌓아나가다 버블이 꺼지며 좌절과 투매가 발생하면 저평가되어 있는 주식을 매입한다. 그는 이 방식을 반복하면서 연 19%의 복리 수익을 만들어냈다. 예를 들어, 당신에게 2억 원의 원금이 있다고 생각해보자. 매년 20%의 수익이 발생하면 처음 10년 동안은 10억 원으로 자산이 불어나지

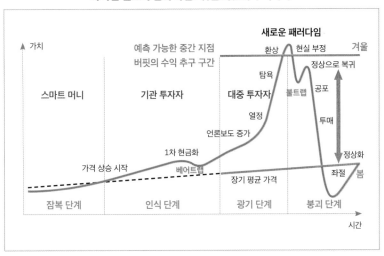

하이먼 민스키 심리 곡선: 워런 버핏의 수익 추구

새로운 패러다임

가치

예측 가능한 중간 지점
버핏의 수익 추구 구간

환상 현실 부정 겨울

탐욕 정상으로 복귀

스마트 머니 기관 투자자 대중 투자자 불트랩 공포

열정 투매

언론보도 증가

1차 현금화 정상화

가격 상승 시작 정상화

베어트랩 좌절 봄

장기 평균 가격

잠복 단계 인식 단계 광기 단계 붕괴 단계

시간

만 이후 10년은 100억 원으로 불어난다. 이것이 복리의 마법이다.

2024년 2분기, 워런 버핏의 버크셔해서웨이는 755억 달러(약 103조 3,013억 원) 상당의 애플 지분을 매도했다. 워런 버핏이 현금을 최대로 보유했다는 기사가 쏟아졌다. 그가 현금화한 뒤 항상 6개월 정도 지난 시점에서 증시에 문제가 발생하며 하락장으로 접어들었다. 이번 증시 사이클에서는 어떻게 될지 지켜볼 일이다.

조수간만의 차가 큰 서해에서 깊숙한 곳까지 들어가 조개를 잡고 있다면 서서히 물이 차오르는 것을 인지하지 못한다. 양동이에 개구리를 넣고 약한 불로 두면 개구리는 물이 뜨거운 줄 모르고 있다 어느새 온몸이 익어가 죽음에 이른다. 주식투자도 마찬가지다.

따라서 자신의 마음을 냉정하게 하고 대중과 반대로 움직여야 한다. 즉, 겨울 구간에 현금화하고 두려움이 가득한 봄과 여름 구간에 저평가된 주식을 매입하는 전략을 취해야 한다.

2장

당신은 지금까지
주식투자를 잘못했다

투자를 도박처럼
하는 사람들

**투자 가치가 있는 정보란 자신이 나서서 구하는 것이지
누군가로부터 주어지는 것은 아니다.**

사와카미 아쓰토(澤上篤人, 금융전문가)

코로나19로 인해 단기간 주식이 폭락한 이후, 미국의 금리 인하와 무제한 양적 완화로 인해 풍부한 유동성이 공급됐다. 당시 증시는 버블을 만들어내며 상승했다. 그중에서도 최고의 버블은 제약과 바이오 분야에서 탄생했다. '코로나19 치료제'라는 단어만 붙어도 주가는 10배 이상 상승했다. 제약과 바이오주의 상승은 한두 종목에 국한되지 않고 신풍제약, 박셀바이오, 제넥신, 셀리버리 등 다양한 업체의 버블을 만들어냈다. 그러나 거품이 꺼지자 수많은 피해자를 양산했다.

직장 동료 김과장은 당시 셀리버리에 투자하고 있었다. 나는 재무제표가 나쁜 바이오 주식에는 투자하지 않겠다는 원칙이 확고했다. 하지만 동료들 대부분 제약과 바이오 광풍 한가운데 뛰어들어 투자

셀리버리의 피뢰침 현상

☆ 셀리버리				6,680
🔲 268600		∨	🔍	0.00%

지표 | 월 | 60분 | 1틱

종가 단순 5 10 20 60 120

68

🔍 최고 103,466(-93.54%,2021/01) → 버블 징후인 피뢰침 현상 발생

103,466

김과장의
투자 시점

78,828

54,190

29,552

6,680
0.00%

최저 4,914(35.94%,2018/12)

2020/04   2021/09   2023/02   24/06

출처: 키움증권 HTS

하고 있었다. 김과장은 나에게 셀리버리를 8만 원 부근에서 매수하면
이후 30만 원까지 오를 것이라며 투자를 독려했다. 당시 셀리버리 주
가는 바닥이었던 5,000원에서 8만 원까지 16배 오른 상태였다.

나는 차트만 보고서도 도저히 투자할 수 없는 구간이라고 생각했
고, 재무제표를 보고 나서는 기겁할 수밖에 없었다. 셀리버리의 경
우 몇 년째 수익은 없고 적자만 몇백억씩 발생하고 있었다. 곧 상장폐
지되어도 이상할 게 없었다. 나는 김과장의 투자를 말렸지만 그의 자

신감은 하늘을 찔렀다. 그의 평단가는 6만 원 정도였다. 셀리버리가 10만 원까지 상승하며 당시 수익이 30% 이상 발생한 상태였다. 그는 셀리버리가 30만 원까지 무조건 오를 것이라 보았고, 그전에는 절대 팔지 않겠다고 호언장담했다. 하지만 김과장의 자신감은 그리 오래 가지 못했다.

당시 셀리버리 차트는 버블 징후인 급격한 피뢰침 모양을 하고 있었다. 결국 셀리버리는 10만 원 정도에서 고점을 찍고 난 뒤 바이오 버블이 꺼지면서 하염없이 하락했다. 이후 김과장은 손해를 만회하기 위해 빚까지 내서 추가 매수를 했다는 이야기도 들려왔다. 주가는 처음 가격인 5,000원 부근까지 흘러내렸고 결국 상장폐지 절차를 밟고 증시에서 퇴출당했다.

중간에라도 손절매했다면 다행이지만 만약 상장폐지 직전까지 주식을 가지고 있었다면 직장을 다니며 열심히 모은 돈과 빚까지 내서 투자한 금액까지 손실을 봤을 것으로 예상된다.

특히 주의해야 할 피뢰침 현상

피뢰침 현상이란 차트가 일직선으로 하늘과 닿을 듯 뾰족하게 상승하는 모습을 보이는 것이다. 즉, 사람의 욕망과 탐욕으로 인해 마지막 수급이 붙어 주식은 급격한 상승을 만들어낸다. 일봉으로만 확인하면 피뢰침 현상을 찾아내기 힘들다. 월봉으로 확인해야 투자하는

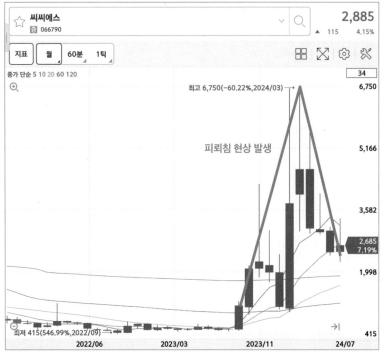

초천도체 관련주(테마주)

☆ 씨씨에스   2,885
S 066790   ▲ 115   4.15%

지표 월 60분 1틱   ⊞ ⤢ ⚙ ✕

종가 단순 5 10 20 60 120   34

최고 6,750(-60.22%,2024/03) →   6,750

피뢰침 현상 발생   5,166

                                3,582

                                2,685
                                7.19%

                                1,998

최저 415(546.99%,2022/09) →   415

2022/06   2023/03   2023/11   24/07

출처: 키움증권 HTS

시점을 객관화할 수 있다.

　주식시장의 사계절은 개별 주식에서도 똑같은 패턴으로 진행될 때
가 있다. 김과장의 투자 시점은 사계절 중에서도 겨울(버블) 구간이었
다. 따라서 월봉으로 확인해야 정확한 투자 시점을 알 수 있다. 이는
우리에게도 비일비재하게 일어나는 투자 현상이다. 코로나19 당시
많은 동료들이 제약과 바이오 버블에 동참했다. 대부분 초반에는 수
익을 보았지만, 버블이 꺼지고 난 뒤 확인한 결과 최종적으로 수익을

2차전지 버블(이슈 관련주)

출처: 키움증권 HTS

낸 동료는 한 명도 없었다. 버블 구간에 투자하더라도 계속 상승하리라는 환상에서 빠져나올 때 일말의 희망이 있다. 영원히 상승하는 주식은 없다. 피뢰침 현상이 발생한다면 반드시 급격한 하락이 발생할 수밖에 없다.

그럼 당시 김과장은 투자를 하고 있었을까, 도박을 하고 있었을까? 우선 도박에는 특징이 있다. 눈이 빨개지고 숨이 가빠온다. 손이 떨리고 심장이 요동친다. 주식이 오르면 심장이 터질 듯 즐겁고 주식이 급

AI 반도체 버블(시장 주도주)

| 슈퍼 마이크로 컴퓨터 | 570.1000 |
| 무료 증100 SMCI 나스닥 | ▼ 102.1400 15.19% |

| ⓘ 적정주가 | 740.720 | 재무안정성 보통 | 경쟁우위 | 낮음 |

| 지표 | 월 | 1분 | 1틱 |

종가 단순 5 10 20 60 120

최고 1,229.0000(-53.61%,2024/03) →   1,229.0000

피뢰침 현상 발생

925.6625

570.1000
-18.75%

318.9875

15.6500

최저 15.6500(3,542.81%,2019/06)

2020/09   2022/01   2023/05   24/08

출처: 키움증권 HTS

격히 떨어지면 우울함이 찾아온다. 주식이 오르내릴 때마다 심박수
도 변하고, 꿈에서까지 주식 창을 보게 된다. 악몽에서 깨어도 심장이
두근거려 다시 잠을 이루지 못한다. 도박꾼들에게 나타나는 현상과
같다.

당신은 지금까지 투자를 잘못 배웠다. 만약 상한가 따라잡기, 하한
가 따라잡기, 급등 주식을 추격 매수하기, 테마주 공략하기 등 등락폭
이 상당한 주식에 투자하고 있다면 당신은 지금 도박장에 앉아 있는
셈이다. 지금도 수많은 리딩 방이 초보 투자자들을 꾀어내며 도박처
럼 투자를 하라고 부추기고 있다.

주식투자는 사이클이다

투자는 도박이 아니며 안전하게 자산을 증식할 수 있는 투자 수단 중 하나다. 당신은 현재 가족을 부양하는 가장일 수도, 아이를 돌보는 부모일 수도, 스스로 삶을 책임져야 하는 사회인일 수도, 미래를 꿈꾸는 사회초년생일 수도 있다. 투자 시장에 각자의 꿈과 희망이 있다. 꿈과 희망을 저버리는 도박 같은 투자는 하지 말자. 증시 전체를 읽고 투자하는 연습이 되어 있을 때 탄탄한 성장을 이루어낼 수 있다.

하락장이 시작되면
지옥문이 열린다

시장에서 무엇보다 중요한 것은 살아남는 것이다.
대부분 그 기회가 오기 전에 시장에서 쫓겨난다.

조지 소로스(George Soros, 금융전문가)

2020년 3월,《모닝경제신문》에 〈코로나19 위기에 글로벌 증시 폭락〉이라는 기사가 실렸다. 유가 하락에 이어 신종 코로나바이러스 확산 우려가 겹쳐 주가는 사흘 간격으로 일제히 폭락했다.

이른바 '검은 월요일'과 '검은 목요일' 사태였다. 미국 뉴욕 증시에서 23년 만에 서킷브레이커(일시적으로 증시를 진정시키기 위해 주식 거래를 자동 중단시키는 제도)가 발동되었다. 유럽 증시뿐만 아니라 국내 증시에서도 최초로 코스피와 코스닥 모두에 서킷브레이커가 발동되었다. 이날 뉴욕 증시는 9.99% 하락했고 코스피도 7.79% 하락했으며 개별 주식 90%가 대폭락했다. 1987년의 '검은 목요일' 이후 최악의 폭락이었다.

코로나19로 인해 주식이 폭락하기 전에 이미 증시는 버블 구간에

주식투자는 사이클이다

들어서 있었다. 전체 증시가 7.79% 하락하자 개별 종목은 10% 이상 하락했다. 월요일과 목요일 이틀 동안 증시는 엄청난 하락폭을 기록했다.

원금을 복구하라

다음 페이지에 표기된 원금 손실 복구 표를 살펴보자. 하락장에서 빠져나오지 못한다면 다시는 원금을 복구할 수 없는 지경에 이를지도 모른다. 자산의 30%가 하락하면 다음 상승장에 복구해야 하는 투자 수익률은 42.9%다.

예를 들어보자. 하락장이 본격적으로 시작되는 시점에서 투자자 A는 10%의 손실 구간에서 망설이다 손절매하지 못했다. 이후 하락장이 심화되며 투자자 A에게 추가로 20%의 손실이 발생해, 총 30%의 손실이 발생했다. 이후 하락장이 마무리되고 상승장에 진입하게 되며 주가는 42.9% 가까이 올랐지만, 투자자 A는 원금 회복에 만족할 수밖에 없었다. 다행히 투자자 A는 기나긴 사이클을 이겨내고 원금이라도 복구할 수 있었다. 하지만 손실이 40% 정도 발생한다면 투자자들은 66.7% 이상의 수익을 얻어야 다음 사이클에 원금을 회복할 수 있다.

원금 손실 복구 표를 통해 두 가지 원칙을 확인해볼 수 있다. 첫 번째, 손실 발생 시 10% 구간에서 손해를 최소화해야 다음 기회를 노릴

원금 손실 복구 표

원금	100,000,000	
손실률	보유 금액	복구하기 위한 수익률
0%	100,000,000	0%
10%	90,000,000	11.1%
15%	85,000,000	17.6%
20%	80,000,000	25%
25%	75,000,000	33.3%
30%	70,000,000	42.9%
40%	60,000,000	66.7%
50%	50,000,000	100%
60%	40,000,000	150%
70%	30,000,000	233.3%
80%	20,000,000	400%
90%	10,000,000	900%

단위: 원

수 있다. 두 번째, 워런 버핏처럼 상승장과 하락장을 자신만의 기준으로 구분하고 가을과 겨울 구간(버블)에서 현금 비중을 조절해 상승장과 하락장을 동시에 준비하는 복리 투자법을 이용해야 한다.

원칙 없는 투자를 이어가다가 하락장을 맞이한다면 손실은 우리가 생각하는 것 이상으로 걷잡을 수 없이 커진다. 하락은 예고 없이 찾아온다. 하락장이 시작되면 지옥이 시작되고 상승장에서 느껴보지 못한 엄청난 자산 손실이 발생한다.

하락장에 대응하는 세 가지 유형

첫 번째는 하락장을 겪어보지 못한 초보 투자자다. 스무 살에서 서른 살 사이에 처음 주식투자를 시작한 이들이 여기에 속한다. 요즘은 블로그나 유튜브를 통해 부자가 된 사람들이 자신의 노하우를 공개하며 투자를 독려해 사람들이 주식투자에 뛰어드는 시기가 점점 빨라지고 있다. 하지만 하락장을 겪어보지 못한 초보 투자자들은 상승장만 경험해봤기에 하락장의 지옥 같은 상황을 알지 못한다.

코로나19 당시 '동학 개미 운동'이라는 신조어가 탄생하며 젊은 초보 투자자들을 주식시장에 입문시켰다. 투자 초기에는 증시가 가파르게 오르며 대부분 행복해했다. 하지만 유동성 공급으로 인한 인플레이션이 촉발되자 미국은 금리 인상 카드를 꺼내들었다. 곧 증시는 하락장으로 대전환했다. 상승장 때 50% 이상 수익을 낸 투자자들도 하락장이 시작되자 온데간데없이 사라졌다. 하락장을 겪어보지 못한 초보 투자자들의 손실은 더 클 수밖에 없었다.

두 번째는 하락장을 겪어봤지만 시장의 흐름을 읽지 못하는 투자자다. 30대 이후가 되면 한 번쯤은 하락장을 겪게 된다. 부동산은 10년 주기로 움직이지만, 주식은 3년에서 4년 주기로 상승장과 하락장이 발생하기 때문에 30대 이상 투자자들은 한 번은 하락장의 무서움을 겪게 된다. 하지만 전체 시장을 읽는 연습을 하지 못한다면 계속해서 가을과 겨울 구간(버블)에 투자하게 되는 악순환에 말려들게 된다.

왜 이러한 현상이 발현될까? 사람에게는 좋은 망각과 나쁜 망각이 존재하기 때문이다. 좋은 망각은 과거의 실수를 보완한 뒤 빨리 과거를 잊고 재도전하는 것이고 나쁜 망각은 과거에 실수했던 기억을 잊은 채 같은 실수를 반복하는 것이다. 실패하는 투자자들에게는 대부분 좋은 망각보다 나쁜 망각이 더 자주 발현되어 같은 실수를 반복하게 된다. 전체 시장의 흐름을 읽어내지 못하면 현재 시점이 버블 구간인지 폭락 구간인지 분간하지 못할 수밖에 없다. 하락장에서 뼈아픈 손실을 겪고 다시는 투자하지 않겠다며 시장을 떠났지만, 증시가 상승장으로 전환되면서 대장주가 급등하면 이들은 다시금 버블 구간에 돌아와 똑같은 실수를 반복한다.

세 번째는 하락장을 겪고 난 후 자포자기하는 투자자다. 현재 국내 투자자 중 500만 명이 삼성전자 주식을 보유하고 있다. 코로나19 당시 고점 부근에서 삼성전자를 매수한 개인 투자자들은 종종 자신의 처지를 하소연한다. 이들에게는 특징이 있다. 이들은 투자를 하고는 있으나 자신이 보유한 주식에 관심이 없다. 이러한 무관심은 직장인들에게 더욱 두드러진다.

투자에는 경험이 중요하다. 아무리 많은 책을 읽고 준비해도 살아 움직이는 시장에 모두 대응할 수는 없다. 하지만 사이클을 읽어내면 실수를 줄여나갈 수 있다. 하락장이 오더라도 자신의 기준을 만든 사람만이 95%의 실패한 투자자에서 5%의 성공한 투자자로 넘어올 수 있다.

주식투자는 사이클이다

tip.

투자에는 습관이 중요하다. 종잣돈이 점점 커질수록 손절매하기 더욱 어려워진다. 예를 들어, 원금이 100만 원이라면 10% 하락 시 10만 원의 손해를 보지만 원금이 1억 원이라면 1,000만 원의 손실이 발생하게 된다. 10억 원이라면 손절매는 더욱 어려워진다.

100만 원 구간에서 10만 원에 손절매하는 마음과 10억 원에 도달하더라도 10% 구간에서 손절매할 수 있는 마음이 같아야 한다. 내 종잣돈도 지금처럼 작은 종잣돈으로 머무르지 않을 거라는 것을 생각해야 한다. 즉, 초보 투자자일 때의 습관이 매우 중요하며 자신의 종잣돈이 점점 늘어나더라도 손실의 중압감을 견뎌내야 한다. 그래야 가재가 탈피하며 성장하듯 종잣돈이 커지더라도 대응할 힘을 기를 수 있다.

투자에도 단계가 있다. 만약 100만 원을 투자하다 1,000만 원 구간으로 올라갔지만 100만 원으로 투자할 때처럼 편하지 않다면 시드머니를 늘리면 안 된다. 충분한 연습을 통해 내성을 길러 나가는 게 우선이다. 투자 금액에 불안하지 않다면 다음 구간으로 넘어간다. 시드머니가 커질수록 손절매는 힘들어지고 수익 구간은 짧아지기 때문이다. 자신의 종잣돈이 다음 구간에 넘어가도 불안하다면 시간이 걸리더라도 충분한 연습을 통해 내성을 기른 뒤 다음 단계로 올라가야 한다. 만약 불안하다면 다시 이전 단계로 넘어가 연습하고 재도전할 필요가 있다.

구간별 내성 키우는 금액		
1,000,000원	→	10,000,000원
10,000,000원	→	100,000,000원
100,000,000원	→	300,000,000원
300,000,000원	→	1,000,000,000원

위기는 각기 다른 얼굴로
찾아온다

투자자를 위협하는 가장 큰 적은 감정과 편견이다.

켄 피셔(Ken Fisher, 피셔인베스트먼트 대표)

1912년, 타이타닉 호는 부푼 기대를 안고 영국의 사우샘프턴을 출항해 미국 뉴욕을 향해 떠났으나 4월 14일 캐나다 북동쪽에 있는 뉴펀들랜드섬 부근 456킬로미터 해상에서 빙산과 충돌해, 4월 15일 2시 20분 완전히 침몰했다.

우리가 잘 알고 있는 영화 〈타이타닉〉을 통해 당시의 상황을 추측해볼 수 있다. 당시 배에 탄 사람들은 기대에 부풀어 선내에서 파티를 즐기고 있었다. 하지만 축제 같은 시간도 잠시, 배는 차가운 물길에 떠내려오는 빙하를 발견하지 못하고 그대로 충돌한 뒤 차가운 바다로 가라앉았다.

이처럼 위기는 예고 없이 다가오며, 방심하는 사이에 등 뒤로 조용히 찾아와 나를 집어삼킨다. 인생의 위기도 마찬가지다. 갑작스럽게 성공해 자신의 그릇 이상의 부가 한꺼번에 들어온다면 뒤를 돌아보지 않고 더 큰돈을 벌기 위해 탐욕을 부린다. 하지만 그릇 이상의 돈에 욕심을 부린다면 위기가 오는지 모르고 축제를 즐기다 여태까지 일궈온 자신의 '부의 그릇'이 처참하게 깨질 수 있다.

우연한 성공으로 짧은 기간에 많은 돈을 벌었던 연예인 A씨의 사례도 생각해볼 만하다. 광고도 수십 편 찍고 예능 프로그램에도 출연하며 그의 자산은 금세 늘어났다. 그가 100억 원 이상을 벌었다는 소문이 돌자, 투자를 권유하는 투자자들이 기승을 부렸다. 그는 인기와 돈에 취해 여태까지 받은 대중의 사랑을 잊은 채 오만에 빠졌다. 그에게는 이미 100억 원 이상의 자산이 있었지만 500억 원 이상의 사업을 벌이게 된다. 그러던 중, 그가 음주운전을 하고 도주했다는 것이 발각되었다. 심지어 인명 피해도 있었다. 그는 100억 원 이상의 돈을 다시 세상에 반납해야 했다. 거기에 더해 형사 처분을 받으며 이제까지 일궈온 모든 경력을 스스로 말살시켜버렸다.

타이타닉 호 역시 출항할 때는 호기로웠지만 직원들이 자신에게 닥칠 위기를 무시한 채 운항했듯, 연예인 A씨도 부를 거머쥐고 많은 사랑을 받았지만 등 뒤에 다가오는 자신의 위기는 예측하지 못했다.

증시는 큰 배와 같다

현재 우리나라 기업들의 시가총액 합계는 2,600조 원에 이른다. 하지만 미국의 시가총액 1위 애플의 기업 가치는 4,000조 원에 이른다. 애플 사가 우리나라 전체 기업보다 비싸다. 게다가 애플 뒤에도 마이크로소프트, 엔비디아 등이 버티고 있다.

큰 배와 같은 증시가 방향을 틀기 위해서는 방향타를 1도씩 움직여야 한다. 마찬가지로 증시도 한 번 상승하기 시작하면 하락장이 들어서기 전까지 한 번에 무너지지 않는다. 전 세계 자본은 거대하고 미국 증시 또한 무거우므로 상승장에 접어들면 좀처럼 하락장에 빠지지 않는다. 그러나 증시를 부양한 이들도 언젠가는 수익을 거두고 빠져나와야 한다. 덩치가 거대해졌기 때문에 이슈를 만들어 대중을 속이는 과정이 꼭 필요하다. 그래야만 대중의 눈을 피해 큰 배의 방향을 서서히 틀고 다음 하락장을 준비할 수 있다. 그렇다면 이들은 어떤 방식으로 사람들을 방심하게 할까?

상승장 꼭대기에는 버블이 존재한다. 버블을 만들어내야 대중이 버블에 취해 큰 배가 1도씩 이동하고 있다는 것을 모르게 만들 수 있다. 버블의 징조는 전고점 돌파나 대장주와 같은 상징적인 주식을 통해 확인할 수 있다. 이 내용은 3장에서 자세히 다룬다.

주식에는 사이클이 있다. 상승하고 나면 반드시 하락하게 되어 있다. 하락장에 접어들 때는 이전 저점을 깨며 하락하게 된다. 다음 상승장에는 역순으로 전고점을 돌파하면서 다시 버블을 만들어낸다.

세계 증시를 좌지우지하는 미국 증시는 100년 넘는 동안 전고점을 돌파하며 상승장을 만들어냈다.

그러나 사람들은 이전 주기에서 겪은 하락장의 두려움에 상승장이 시작돼도 의심하며 뛰어들지 못한다. 하지만 증시가 전고점을 돌파했다는 뉴스가 시장에 도배되면 더는 참지 못하고 부나방처럼 버블 한가운데 뛰어든다.

상승장이 형성되는 과정에서 버블의 상징이 탄생한다. 과거 애플과 테슬라, 현재 엔비디아가 있는 것처럼 특정 기업이 시대의 패러다임이라는 상징을 부여받으며 사람들을 열광하게 한다. 하지만 이는 거대 자본의 함정이다. 시장은 증시를 빠르게 상승시켜 주식을 버블 구간에 돌입시킨 뒤 자신들이 가진 물량을 넘기고 유유히 빠져나간다. 큰 배라는 미국 증시가 버블 구간에서 180도 방향을 틀고 하락장에 접어들기 직전인데도 사람들은 버블에 취해 배가 돌아섰다는 것을 감지하지 못한다. 실제 미국 발 금융위기로 촉발된 리먼 브러더스 사태, 유럽의 재정 위기, 코로나19, 미국 발 금리 인상을 비롯해 크고 작은 위기들을 겪어왔지만, 매번 사람들이 예상하는 위기는 실제로 하락장의 방아쇠로 발현되지 못했다.

증시 격언 중 '대중에게 노출된 위기의 재료는 진짜 위기가 아니다'라는 말이 있다. 하지만 진짜 위기를 촉발하는 재료는 각기 다른 얼굴로 찾아왔다. 대중이 버블에 빠져 환호하고 있을 때 반드시 위기가 찾아와 우리를 집어삼킨다. 현재 AI 버블로 인해 모든 증시는 전고점을 돌파하며 엔비디아라는 상징을 만들어냈다. 이 버블도 어느 순간 꺼

주식투자는 사이클이다

과거 예측하지 못한 증시 위기들(전고점 대비)	
1929년 대공황	-85%
1987년 블랙 먼데이	-18%
2008년 미국 발 금융위기	-56%
2018년 연방준비은행 금리 인상	-30%
2020년 코로나19	-30%
2022년 연방준비은행 금리 인상	-35%

질 것이다.

위기는 반드시 또 오지만 어떠한 재료가 하락의 도화선으로 작용할지 지금은 모른다. 하락장에서는 위기가 발생하지 않는다. 하락장이 위기 그 자체이기 때문이다. 하지만 상승장이 끝나는 시점에서는 버블을 터트리는 방아쇠가 반드시 나타난다. 우리는 시장을 예측할 수 없다. 그저 다음 사이클을 미리 준비하는 수밖에 없다.

주식과 사랑에 빠지면
겪게 되는 위험

**상식에 반하는 역발상 투자 전략이야말로
가장 높은 수익을 가져다준다.**

존 템플턴(John Templeton, 금융전문가)

나와 10년 이상 거래해온 한 사장님이 있다. 그는 자산 대부분을 개별 주식에 투자하고 있었다. 그 사장님은 주식투자에 늘 진심이라 만날 때마다 주식투자 이야기로 시간 가는 줄 모른다.

미국 발 금리 인상 위기 당시 나는 버블이 터질 것을 예상해 모든 자산을 현금화했다. 그 결과 2023년에는 33%의 수익이 발생했고 2024년에도 30% 복리 수익을 만들어냈다(지금은 헤지 투자로 다음 하락장을 대비하고 있다). 사장님은 당시 버블이 터질 것이라는 내 권유를 받아들여 하락장 끝자락이던 시점에서 주식을 매입할 수 있었다. 그러나 사장님은 결론적으로 2억 원의 손실을 보았다. 둘 다 코스피 2200선에서 투자했지만 왜 극명한 결과가 발생했을까? 도저히 잃을 래야 잃을 수 없는 구간, 하락장 최하단이었음에도 그 사장님은 처참하게 패배하고 시장을 떠날 수밖에 없었다.

이유는 간단하다. 사장님은 매번 자신이 가진 주식과 사랑에 빠졌을 뿐 아니라, 스스로 정보를 분석하는 대신 대중에 휩쓸려 투자를 이어가곤 했다. 그는 당시 에코프로와 HLB라는 두 종목을 매수했다. 처음에는 똑같이 수익이 1억 원 이상 발생했다. 출발이 나쁘지 않았다.

하지만 그는 수익에 취해 시장에서 이슈를 만들어내는 테마주를 추가로 매입했다. 2차전지 광풍이 불자 그는 모든 주식을 처분하고 에코프로를 130만 원 부근에서 매입했다. 뉴스에서는 에코프로가 200만 원까지 오를 것이라며 투자를 부추겼다.

하지만 당시 차트를 살펴보니 에코프로는 이미 바닥에서 30배가량 상승해 있었다. 아무리 미래 가치가 뛰어나다 해도 당시 에코프로의 PER(주가수익비율이라는 뜻으로 주가를 주당순이익으로 나눈 수익성 지표)은 99배였다. 삼성전자의 PER이 12인 것을 고려하면 얼마나 버블이 크게 발생했는지 알 수 있다. 나는 너무 위험한 구간이라고 보아 만류했지만, 그는 전 세계의 자동차가 곧 전기자동차로 바뀔 것이고 우리나라 배터리 산업이 성장하면 지금보다 더 크게 상승할 것이라고 굳게 믿었다.

결국 그 사장님은 버블이 터진 후 끝없는 하락을 경험해야 했다. 그럼에도 그는 자신을 객관화하지 못하고 2차전지 분야가 재상승할 것이라는 희망의 끈을 놓지 않았다. 하지만 다시금 130만 원까지 도달할 수 있을지는 의문이다. 그는 시간이라는 엄청난 기회비용과 금전적 손실을 견뎌야 했다.

사장님의 투자 시점(에코프로)

| ☆ 에코프로 | | | **99,400** |
| 086520 | | | ▼ 1,600 1.58% |

| 지표 | 월 | 60분 | 1틱 |

종가 단순 5 10 20 60 120

50

최고 307,800(-67.71%,2023/07) → · · · · · · · · · · · · 307,800

사장님의 투자 시점

231,358

154,917

99,400
5.30%

78,475

최저 2,549(3,799.57%,2020/05)

2,033

2021/05   2022/05   2023/06   24/06

출처: 키움증권 HTS

게다가 그는 에코프로에서의 투자 실패를 만회하기 위해 빚까지 내어 HLB라는 제약업체에 추가로 투자했다. 그는 HLB가 대한민국 최초로 FDA 신약 승인을 받을 수 있다면 간암 치료제 분야에서 성공할 수 있다고 믿었다. 뉴스에서도 최초로 FDA 승인을 받으리라고 전망했다. 기업 가치인 '재료'는 나쁘지 않았다. 하지만 문제는 투자 구간이었다. 그는 이미 선 반영되어 2만 원에서 13만 원까지 오른 시점에 HLB 주식투자를 시작했을 뿐 아니라 리딩 방에 휘둘리고 있었다.

사장님의 투자 시점(HLB)

출처: 키움증권 HTS

HLB는 FDA 승인에 실패하며 이틀 동안 고점 대비 70% 가까이 하락했다.

그는 HLB의 시가총액은 10조 원이지만 간암을 치료하는 신약이 성공해서 매출이 나오게 되면 100조 원 이상의 기업으로 성장할 수 있다고 보았다. 논리와 근거로는 맞는 말이다. 하지만 FDA 승인만을 믿고 이미 5배 이상 오른 주식에 투자하는 게 맞는 걸까? 바이오 관련주는 재무제표가 온전한 주식이 없다.

HLB는 매년 적자가 1,000억 원 이상 나는 회사였다. 작전이 걸려있거나, FDA 승인이 나지 않을 수도 있다는 전제하에 투자하는 게 현명하다. 주식과 사랑에 빠지게 되면 상승만을 바라본다. 부푼 꿈에 취해 하락에 대한 위험 요인은 분석하지 않는다. 하지만 결국 HLB는 FDA 승인에 실패하며 이틀 동안 고점 대비 70% 하락했다. 그는 더 투자하기 싫다며 손절매한 뒤 시장을 떠나고 말았다.

주식은 동전처럼 양면이 존재한다. 하지만 주식과 사랑에 빠지게 되면 위험 요소를 외면하고 투자를 이어나가게 된다. 하지만 급격한 상승이 발생하면 반드시 급격한 하락이 찾아온다. 나에게 재료가 공개되었다면 선 반영되어 그 가치는 휘발되어 버렸을지도 모른다. 누구나 처음에는 스스로 투자 기준을 잡아나가는 동안 정보의 가치를 판단하지 못할 수도 있다. 주식과 사랑에 빠지거나 남에게 의존하면 안 된다.

투자 성장을 이루어 장기간 시장에 살아남아 성공하는 사람들에게는 공통점이 있다. 사고가 유연하고 투자 결정을 스스로 한다는 점이다. 사고가 유연하다는 것은 시장에 대응하고 있다는 뜻이다. 맹목적으로 주식과 사랑에 빠지는 것이 아니라 기업의 가치와 전체 시장의 흐름을 파악하고 각자의 투자 위치를 객관화해 투자해야 한다. 투자 결정을 스스로 할 수 있어야 투자 성장이 이루어진다.

인간은 실패의 산물이다. 실패하고 경험이 쌓이면서 성장할 수밖에 없다. 남에게 의존하는 투자는 내 경험이 아니다. 남의 경험이다. 처음의 착오와 실수는 필수다. 시장을 외면하지 않고 자신의 투자 실수를 인정한 뒤 오류를 보완하고 체계화했을 때 자신만의 투자 철학이 생긴다.

tip.

처음부터 목돈으로 투자하는 것을 권유하지 않는다. 투자에도 기초가 있고 충분한 연습이 필요하다. 처음에는 100만 원에서 1,000만 원 정도를 가지고 투자해보면서 자신의 성향에 맞는 투자 기법을 만들어야 한다. 시드머니를 조금씩 늘려 자신의 몸에 맞게 내성을 기르는 연습도 필요하다. 준비 없이 투자에 뛰어든다면 99% 실패할 수밖에 없다. 처음에는 작은 성취가 우선이다. 실력이 쌓였을 때 시드머니를 늘려야 한다.

5

이기는 투자자의
정보 활용법

**최고로 비관적일 때가 가장 좋은 매수 시점이고
최고로 낙관적일 때가 가장 좋은 매도 시점이다.**

존 템플턴

주식시장에는 선 반영이라는 개념이 존재한다. 피델리티 사이클(Fidelity Cycle)이란, 피델리티 글로벌 자산운용사에서 제공하는 정보로 이를 이용하면 국가별 경기 사이클을 침체기, 회복기, 성장기 등으로 구분해 각 국가가 어느 국면에 있는지 확인할 수 있다. 특히 경기의 큰 흐름을 한눈에 쉽게 파악하기가 좋다. 피델리티 사이클은 주기를 공부하는 데 좋은 정보지만 단점도 명확하다. 주식은 피델리티 사이클에서 표기하는 주기보다 한 박자나 그 이상으로 선행해서 움직인다.

경기가 살아나는 시점에 주가가 최고점에 도달하는 게 아니라 미래의 기대감으로 미리 반영되어 올라 있다가 경기가 살아나게 되면 오히려 주가는 정점을 지나 하락하게 된다. 피델리티 사이클을 통해

주식투자는 사이클이다

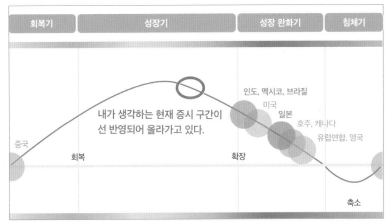

각 국가의 경제 순환 주기를 보여주는 피델리티 사이클

| 회복기 | 성장기 | 성장 완화기 | 침체기 |

인도, 멕시코, 브라질
미국
일본
호주, 캐나다
유럽연합, 영국

내가 생각하는 현재 증시 구간이
선 반영되어 올라가고 있다.

중국

회복

확장

축소

출처: 피델리티 사이트

피델리티 사이클(경제 순환 주기)처럼 각종 경제지표를 반영한 그래프에서 주가는 이미 선 반영된 상태다.

현재 각 국가의 경기 상황을 알 수 있으나 주가 흐름과는 차이가 있다. 그럼에도 피델리티 사이클은 축소와 확장을 반복하는 거시경제 사이클로 움직이는 만큼 투자에는 도움이 될 수 있다.

투자가 어려운 건 각종 데이터를 대입해도 이미 다양한 정보들이 반영돼서 움직이기 때문이다. 너무 많은 데이터가 제공되는 것도 투자 판단을 어렵게 한다. 과거에는 뉴스나 신문 정도로만 정보를 접할 수 있었지만 요즘은 머리가 지끈지끈 아플 정도의 방대한 정보가 매일 제공된다. 속도도 매우 빠르다. 메뚜기떼가 이쪽으로 날아와 펄쩍 뛰어 저 멀리 날아가는 것처럼 메뚜기를 손에 잡으려고 하면 이미 저 멀리 뛰어 날아가버린 후다. 즉, 정보는 메뚜기처럼 빠르게 나에게 다가왔다 빠르게 사라진다.

스스로 정보를 발굴하지 않고 남의 정보에 의존해 투자하고 있다면 아마도 주식은 이미 반영되어 올라가 버린 후가 대부분일 것이다. 예를 들어 2차전지 섹터를 매수했는데 주가는 하락하고 반대로 반도체 섹터가 올라가는 이치와 같다. 내가 뛰어들 때쯤에는 주식에는 선반영되어 올라간 이후 하락을 맞이하고 있을 수도 있다.

확률 싸움과 심리 싸움

미국 라스베이거스에서는 포커대회가 자주 열린다. 포커는 도박같지만 사실은 심리 스포츠에 가깝다. 정보의 분별력과 심리 때문이다. 이는 주식투자와 결을 같이한다. 왜 미국 사람들은 포커에 열광할까? 바로 정보를 분석하고 타인의 심리를 읽어내야 승리할 수 있기때문이다. 프로 세계에서는 확률 싸움과 심리 싸움이 존재한다.

포커대회에 참가한 선수들의 얼굴 표정에는 변화가 없다. 대회에 참가하는 사람들 모두 타인에게 자신의 생각이나 습관을 읽히지 않기 위해 냉정한 마음으로 포커게임에 임한다. 이는 우리가 주식투자를 할 때 꼭 배워야 하는 요소다. 가슴은 차갑게 투자는 뜨겁게 해야한다.

아마추어는 프로를 절대 이기지 못한다. 포커대회 화면에는 각 선수의 승리 확률이 나온다. 참가자들에게 돌아간 패를 보고 프로 포커

선취매 → 정보 생산자 → 주가 상승 → 각종 매스컴에 노출
(대중의 정보습득 구간)
→ 정보 취득 → 주가 하락

선수는 확률을 계산해서 게임에 임한다. 만약 확률 계산 공식을 알지 못한 채 프로 포커 선수와 게임을 한다면 100전 100패다.

주식 또한 마찬가지다. 내게 들어오는 수많은 정보를 걸러내지 못한다면 이미 정보를 선취매해 투자에 임하는 투자자를 이길 확률은 프로와 포커를 치고 있는 확률과 같다. 특히 초보 투자자들은 이러한 정보를 처음부터 분별할 능력이 매우 떨어질 수밖에 없다. 좋은 정보 같아 주식시장에 뛰어들면 상투에 물리고, 나쁜 정보라고 판단했지만 다시 보니 좋은 정보였을 경우도 종종 존재한다.

나에게 들어온 정보는 이미 그 가치를 잃었을 가능성이 높다. 내가 정보를 생산해내는 사람이라면 혼자 정보를 이용해 이익을 얻으려 할 것이다. 아무도 모르는 사람들에게까지 그 좋은 정보를 공유하려 들까? 정보가 나에게까지 들어오고 시장이 그 정보에 환호한다면 무조건 의심해봐야 한다. 주식에는 이미 그 정보가 이미 반영되어 가격이 올라가 있을 가능성이 높다.

6

쉬는 것도
투자다

나는 내가 칠 수 있는 공만 친다.

테드 윌리엄스(Ted Williams, 전 야구선수)

2023년 8월 《한국경제》에 2차전지, 초전도체 등 일부 테마주가 급등하며 포모 개미의 거래 대금이 570조 원에 이른다는 기사가 실렸다. 미수 거래만도 7,733억 원으로 역대 최대였다. 2차전지와 초전도체 관련주가 급등하자 더는 참지 못한 개인들이 고점에서 신용 매매, 미수 거래를 통해 한탕 매매를 노렸다. 주식은 이미 오를 만큼 올랐지만 개인들은 아랑곳하지 않고 주식을 연일 매수했다.

증권회사는 어떻게 돈을 벌까? 직접 주식투자를 해서 돈을 벌까? 아니다. 우리가 매매를 많이 하면 할수록 얻는 증권 수수료가 이익의 핵심이다. 증권회사는 단타 대회도 진행한다. 상금을 내걸고 한 달에 걸쳐 누가 수익을 가장 많이 내는지 확인해 단타 왕을 뽑는 대회다. 단타 대회에서 우승한 투자자는 투자 세계에서는 왕처럼 칭송된다.

왜 이러한 대회를 만들어낼까?

단기 투자를 통해 수익이 많이 날 수 있다고 홍보해야 모두가 단기 투자에 뛰어들고, 거래 빈도가 증가해야 증권사의 수익 구조는 좋아진다. 모두가 워런 버핏처럼 1년에 매매를 몇 번 하지 않는다면 아마도 증권사는 망하게 될 것이다.

투자에는 덫이 존재한다. 매일 투자하면 성공 확률을 높여갈 수 있다고 착각하지만 빈도를 높일수록 오히려 함정이 커진다. 함정을 피하기 위해서는 워런 버핏처럼 투자 구간을 만들어 현금 비중을 조절해 시장에 대응하는 것뿐이다. 연속으로 투자에 성공하더라도 현금 비중 조절 없이 자산을 키워가다가는 예측하지 못한 위기의 파도에 한 번에 쓸려나가 돌아오지 못할 수도 있다.

선배 투자자들이 하는 말이 있다. "진짜 부자가 되기 위해서는 깡통을 두 번쯤은 차 봐야 한다"라는 말이다. 험난한 시장을 이기려고 원칙 없이 매일 투자하다 보면 함정에 빠져 자산을 잃을 수 있다. 나 역시 처음에는 투자 철학이 확고하지 않아 이리저리 휘둘렸지만, 경험을 통해 쉬는 것도 성공 방정식 중의 하나라는 것을 곧 알게 됐다.

워런 버핏은 매매를 거의 하지 않는 것으로 유명하다. 10년 이상 가지고 갈 주식이 아니라면 사지 않는 투자 철학 또한 확고하다. 나는 20년 동안 주식시장에서 살아남으면서 네 번의 하락장을 겪었다. 나 역시 과거에는 거의 매일 투자에 임하는 단기 트레이더였을 때도 있었다. 지금 돌아보면 인생에 주식투자만 있는 건 아니었다. 꼭 주식으로만 부자가 되겠다는 마음가짐으로 매일 투자에 임한다면 불행해질 수밖에 없다. 인생의 가치를 주식투자에만 몰아넣고 불행하게 살아가지 말자. 인식을 바꿔나가는 것부터가 우선이다.

나는 내가 칠 수 있는 공만 친다

테드 윌리엄스는 메이저리그의 마지막 4할 타자로 유명하다. 테드 윌리엄스에게는 안타를 치는 '해피 존'이 있었다. 한 기자가 어떻게 4할을 칠 수 있었는지 질문하자 그는 다음과 같이 답했다. "나는 내가 칠 수 있는 공만 친다."

4할 타자였던 테드 윌리엄스조차도 모든 공을 칠 수 없다. 투수가 던지는 공 중 자신의 입맛에 맞는 공을 쳤을 때 4할 타자가 될 수 있었다. 주식도 마찬가지다. 365일 쉬지 않고 투자를 한다면 언젠가는 하락장에 말려들 수밖에 없다. 증시에 버블 징후가 있다면 쉬는 것도 투자다. 잘 쉬어야 입맛에 맞는 기회가 온다. 내 입맛에 맞는 공이 왔을 때 안타든 홈런을 치면 된다.

오랫동안 투자를 이어가다 보니 수없이 많은 기회가 나에게 찾아왔다는 것을 알게 되었다. 기회인 줄 알았지만 현금이 없을 때도 많았다. 가끔 그때 현금이 있었다면 어땠을까 상상해본다. 모두가 시장을 두려워하고 기업이 가치 이하로 내려갈 때 기회가 찾아온다. 자산이 가장 크게 퀀텀 점프하는 시기는 증시가 폭락할 때다. 자산은 복리로 불어나기 때문이다.

폭락 시점에 현금을 들고 있는가? 두려움을 이겨내고 증시에 뛰어들 수 있는가? 이 두 가지가 가장 중요하다. 현금과 용기만 있으면 언제든 시장은 우리에게 기회를 준다. 365일 투자하면서 안절부절못하지 못하는 내가 되지 말자. 투자의 빈도를 줄이고 전체 시장을 읽어내는 게 중요하다. 투자 기회는 쉬는 데서 시작된다.

미래를 예측하는
네 가지 질문

**경제는 가르칠 수 없으므로
스스로 체험하고 살아남아야 한다.**

앙드레 코스톨라니(André Kostolany, 금융전문가)

투자 성공률이 50%였던 사람이 성공 확률을 70%까지 높일 수 있다면 장기적으로 엄청난 수익을 거둘 것이다. 미래 성장 먹을거리를 예측해서 선점하는 습관을 길러야 하는 이유다. 처음에는 쉽지 않겠지만 조금씩 성과가 발생한다면 자신감이 붙게 된다.

미래를 예측하기 위해서는 어디를 살펴야 할까? 방법은 간단하다. 책과 유튜브를 보아도 되고, 다양한 정보 공유 채널도 도움이 된다. 내가 관심이 없어서일 뿐이지 미래 성장을 읽으려는 이노베이터(선도 수용자)가 다양한 힌트를 우리에게 전달한다.

과거 유럽에서 재정 위기가 터졌을 당시, 유로화가 붕괴하기 시작했다는 뉴스가 연일 흘러나오며 주가는 1600선까지 내려앉았다. 리먼 브러더스 사태가 터진 이후였기에, 많은 전문가들이 이를 이중침체로 보아 공포가 극에 달했다. 주식도 폭락하기 시작했다. 하지만 증시에 구세주가 나타났다. 바로 애플과 삼성의 스마트폰이었다. 스마트폰으로 인해 나스닥은 최장기 대세 상승장을 이어갈 수 있었다. 당시 스마트폰이라는 기술을 예측했더라면 폭락장 시기 스마트폰 관련 투자는 절호의 기회일 수 있었다. 그러나 나도 당시에는 초보 투자자였기에 미래를 예측할 수 있는 실력이 없었다. 이후 나 역시 다음 투자 주기를 고민하며 미래 먹을거리를 찾아내려고 노력했다.

과거의 실수를 반복하지 않았을 때 투자 성장이 이루어지고 투자 철학을 바탕으로 한 확신이 생긴다. 당장 구글에 나스닥의 미래 성장 기술을 검색해봐도 생각보다 많은 기업이 새로운 기술들을 준비해가고 있다는 것을 알 수 있다. 물론 미래를 예측한다고 해서 주식이 바로 오르는 것은 아니다. 하지만 계속해서 공부한다면 자신의 투자 한계를 넘어서는 순간을 발견할 수 있다.

나는 코로나19 전 버블이 터질 것이라고 예상해 자산을 인버스로 옮긴 뒤, 다음 먹을거리로 전기자동차 관련주를 선정해놓았다. 석유 고갈과 지구온난화로 전기자동차 시대는 올 수밖에 없다고 예상했다. 하지만 10년간 전기자동차 분야는 그다지 관심을 받지 못했다. 배터리 기술과 충전 기술이 아직 발전하지 못했기 때문이다. 이전에 전기자동차 관련주에 들어간 투자자들은 참지 못하고 떨어져 나갔고 코로나19 위기 시점에서도 전기자동차 관련주는 시장에서 크게 관심을 받지 못했다.

스마트폰이 탄생했을 당시 한 대에 100만 원이었다. 전 세계 70%

의 인구가 스마트폰을 쓰고 2년마다 교체한다면 이 기술은 시대의 패러다임을 바꿀 혁신이 분명했다. 그럼 애플처럼 현실이 될 만한 기술로는 무엇이 있을까? 스스로에게 질문하기 시작했다.

시대를 바꾸는 네 가지 질문

혁신은 다음의 네 가지 질문에서 나올 확률이 높다. 미래 기술이 될 만한 정보가 보인다면 이 공식을 대입해보자. 미래 패러다임을 바꿀 힌트가 여기에 있다.

1. 보편적으로 사용할 수 있는가?
2. 주기적으로 교체할 수 있는가?
3. 꾸준한 미래 확장성이 있는가?
4. 10년 이상 성장 가능성이 있는가?

첫 번째, 사람들이 보편적으로 사용할 수 있는지 살펴야 한다. 자동차는 가정에 한 대씩 있어야 하는 필수 소비재에 속하기 때문에 보편적으로 사용하고 있는 제품에 속한다.

두 번째, 사람들이 주기적으로 교체할 수 있는지 살펴야 한다. 자동차는 스마트폰만큼은 아니지만, 주기적으로 교체하고 한 대당 매출이 높아 그 기간을 상쇄할 수 있다.

세 번째, 꾸준한 미래 확장성이 있는지 살펴야 한다. 현재 석유에 의존하는 자동차 시장에서 50%만 전기자동차로 바뀐다 해도 그 확장성은 10년 이상 지속 가능하리라 생각했다.

네 번째, 10년 이상 성장 가능성이 있는가를 살펴야 한다. 전기자동차는 미래 확장성이 꾸준히 커지리라 보고, 관련 주식을 미리 선정해놓고 주식이 폭락하면 매수할 계획을 세워놓았다.

당시 관련주는 엘엔에프, 에코프로, 에코프로비엠이었다. 나는 그중에서 엘엔에프를 매수했다. 현대자동차와 기아자동차는 시가총액이 무거워 전기자동차 시대가 도래하더라도 큰 수익이 나기 어렵다고 생각했다. 배터리 분야가 전기자동차에 가장 중요한 요소이기 때문에 배터리 관련주를 미리 선점하는 게 좋을 것이라 판단했다.

정체되면 도태된다

그럼 그다음 미래 먹을거리는 어디에 있을까? 나는 AR글래스와 메타버스를 예상한다. 메타버스는 이미 한 번 광풍이 몰아쳤지만, 아직 대중적으로 보급되지 않았기 때문에 관심은 적어진 상태다. 메타버스 시대가 오기 위해서는 AR글래스 시대가 먼저 와야 한다. 아직 사람들은 AR글래스에 관해 관심이 없다. 하지만 AR글래스는 시대의 혁신을 바꾸는 네 가지 질문에 부합한다. 이미 2년 전부터 AR글래스 기술을 분석해서 올려놓은 선도 수용자들이 있고 다양한 대기업들이 이미 AR글래스 시장을 준비하고 있다.

기업은 계속해서 성장해 나가려고 노력한다. 정체되면 도태되기 때문이다. 그럼 애플이나 삼성이 스마트폰 시장의 한계를 지켜보고 만 있을까? 아니다. 스마트폰과 연동되거나 확장성이 있는 혁신 제품을 준비하고 있을 것이다. AR글래스는 어쩌면 손으로 터치하는 기계의 패러다임에서 눈으로 보고 말하는 패러다임으로 전환할 수 있는 기술이지 않을까? 메타버스 생태계까지 연동된다면 새로운 시장이 형성될 수도 있지 않을까?

전 세계 메타버스 생태계 안에서 AR글래스와 연동된 시장이 형성된다면 어떨까? 새로운 시장을 이끌어가는 기술은 보편성과 확장성, 성장 가능성을 가지고 있을 때 시장을 변화시켰다.

미래를 온전히 예측할 수는 없지만, 항상 예측하는 습관으로 투자하는 것이 그렇게 하지 않는 사람들보다 더 성공 가능성이 높다. 당신은 미래를 예측할 것인가, 아니면 남의 이야기에 끌려다닐 것인가? 꾸준히 예측하는 습관을 기른다면 주식시장에서 성공을 거둘 수 있다.

대중과 반대로
생각하는 습관

지금 우리에게 절실히 필요한 것은 끊는 연습입니다.
성공은 역설적이게도 포기로부터 시작되지요.

유영만, 《끈기보다 끊기》에서

유영만 교수는 《끈기보다 끊기》라는 책의 콘셉트를 에베레스트산을 등정하면서 떠올렸다고 한다. 산을 오르는 도중, 그는 자신의 체력이 한계에 다다랐다고 한다. 조금만 더 가면 고지가 눈앞에 보였지만 그는 포기하고 하산하게 된다. 그때 경험으로 큰 깨달음을 얻어 책을 집필했다. 만약 목적지를 앞두고 오기를 부렸다면 죽음에 이르렀을 수도 있다. 다시는 기회가 찾아오지 않을지도 모른다. 우리 사회는 모든 것을 끈기로 이겨내야 한다고 가르치지만 반대로 끊어내야 기회가 온다. 이를 주식투자에도 접목해야 한다.

태풍이 오면 돼지도 날 수 있다. 바람을 잘 타는 건 엄청난 기회일지 모르나 돼지가 바람에 난다고 해서 날개가 자라는 건 아니다. 태풍이 지나간 뒤에는 수많은 돼지가 떨어져 죽을 것이다. 코로나19 당시

'끈기'보다 '끊기'가 필요한 순간의 코스피 지수

출처: 키움증권 HTS

많은 투자자들이 돈을 벌었다. 코로나19로 인해 자산이 폭락하자 이 기회를 본 투자자들이 증시에 뛰어들었다. 미국의 유동성 공급과 함께 1년 동안 조정 없이 주가가 상승하자 어떤 주식을 사더라도 수익이 났다. 주식투자를 하지 않으면 바보라는 소리를 들었다.

상승장이 지속되자 초보 투자자들도 이를 자신의 실력이라고 착각했다. 하지만 증시는 고점에서 5개월가량 횡보 구간을 만들어냈다. 개인들은 더 상승할 여력이 있다고 보아 모든 자산을 '상투' 시점에 투자했다. 매스컴도 투자자들을 부추겼다. 상승장에서 돈을 번 투자자들은 원금과 상승장에서 발생한 수익까지 또다시 고점 횡보 구간에 전부 투자했고, 결국 하락장에 모두 잃었다.

돈을 번 사람은 극소수고 시장의 파이를 키워간 건 '동학 개미 운동'을 외치던 개인들이었다. 버블 구간에서는 과감히 끊고 나올 줄 알아야 한다. 다음 기회를 노려야 다시 산에 오를 힘이 생긴다. 상승 여력이 없는 증시는 서서히 하락장으로 돌입할 준비를 할 것이다. 끈기만 가진 투자자는 처참하게 패배를 맛보고 시장을 떠났고, 끊고 내려온 사람은 또다시 큰 기회를 성공으로 만들 수 있었다.

따라서 인식을 바꾸는 연습이 중요하다. 대중과 같은 방향으로 걸어가면 안 된다. 그곳은 출근길에 사람들로 꽉 들어찬 지하철 안이다. 서로 힘들어하지만 공간적 여유는 없다. 남들과 반대로 일찍 나서야 여유 있게 출근할 수 있다.

버블이 발생하면 마치 축제처럼 느껴지지만, 자신도 모르는 새에 하락장이 시작되고 있을 것이다. 눈을 떠보면 사람들이 꽉 들어찬 출근길 지하철 안과 영락없이 같은 꼴이다. 자신의 물량을 넘기고 싶지만 모두 각자의 물량을 팔고 싶어한다. 하지만 고점 횡보 구간에서는 극적인 상승이 발생하지 않는다. 오히려 약간의 손실과 수익을 개인들에게 보여주며 계속 참여하라고 부추긴다. 이 속임수에 넘어간다면 성공할 수 없다. 내 주식을 사줄 사람은 이제 아무도 없다. 이미 지하철 안에 탄 사람 모두 최대로 매수해둔 상태다. 더는 받아줄 사람이 없을 때 버블은 터진다.

끊고 내려와야 기회가 찾아온다. 주식은 사람들의 욕망으로 인해 버블을 만들고 두려움으로 인해 폭락이 발생한다. 버블에서 빠져나오지 않는 투자자에게는 지옥 같은 시간이 기다리고 있다. 하지만 버블이 터지기 전에 현금화한 투자자에게는 반대로 축제가 될 수 있다. 산 정상을 오른 뒤에는 더 높은 곳을 바라보는 것이 아니라 반대로 내

주식투자는 사이클이다

려올 길을 모색해야 한다. 남들이 생각하지 않는 반대의 지표를 분석해야 버블 구간을 찾아낼 수 있다.

사이클 투자를 시작하기 전
필요한 마인드 전환

타고 있는 배가 항상 샌다는 것을 알게 되면 구멍을 막느니
차라리 배를 바꿔 타는 것이 생산적이다.

워런 버핏

매일 투자하는 습관은 독이다

주식시장의 한 사이클, 즉 상승장과 하락장을 한 번 겪게 되면 90% 이상은 투자에 실패하고 10% 남짓 투자에 성공하며 다음 항해를 이어나간다. 그러나 곧 두 번째 큰 파도가 나를 향해 밀려온다. 상승장에서 수익을 내고 하락장까지 마무리해야 한 번의 사이클을 넘어갔다고 볼 수 있다. 한 번의 큰 파도를 넘어 생존했다 해도 원칙이 없다면 두 번째 파도에 휩쓸려 실패한 투자자로 남을 수밖에 없다. 두 번째 사이클을 겪고 나면 95%는 실패하고 5% 남짓 투자자만 살아남아 투자를 이어나간다.

주식투자가 어려운 건 정답이 없기 때문이다. 투자는 긴 여행과 같

주식투자는 사이클이다

다. 투자를 하는 동안 몇 번의 사이클을 만날 수 있을까? 넉넉하게 4년을 한 번의 사이클이라고 생각해보자. 만약 내가 서른에 투자를 시작했고 일흔까지 투자를 한다면 우리에게 다가오는 큰 파도는 아마도 열 번 정도일 것이다. 기나긴 투자 여정에서 두 번의 사이클도 이겨내기 힘든 게 주식시장이다. 한 사이클도 이겨내지 못한다면 여러 번의 사이클은 더더욱 이겨내기 힘들다.

나는 주식투자를 10년 정도 이어나가던 도중 큰 실패를 겪었다. 한 번의 투자 실수로 그동안 일구어온 수익 대부분이 사라졌다. 절망적이었지만 다시 일어서기 위해 초심으로 돌아가기로 마음먹었다. 크게 망해보니 여태까지 쌓아온 투자 방식이 부정당한 기분이었다. 그때부터 잃지 않는 투자법이 무엇인지 고민하기 시작했다. 워런 버핏처럼 빈도를 줄이고 현금 비중 조절을 통해 시장에 대응하며, 재투자를 통한 복리 수익을 노려야 한다는 결론에 이르렀다.

주식시장에 해답은 없지만 대응 전략은 존재한다. 투자 빈도를 줄이고 시장 전체를 읽어나가면서 투자를 이어나가는 것뿐이다. 이는 워런 버핏의 투자 방법이기도 하다. 우리는 느리더라도 세계 1등의 투자법을 따라가야 한다. 그는 인터뷰에서 이런 이야기를 했다. "대다수가 매일 주식투자를 해야 성공한다고 생각하지만 나는 그렇게 생각하지 않습니다. 인생을 살다 보면 나에게 큰 기회는 열 번 정도 주어집니다. 하지만 사람들은 열 번의 큰 기회가 삶을 변화시킬 수 없다고 생각합니다. 하지만 살아오면서 느낀 건 열 번의 기회도 필요 없습니다. 다섯 번의 기회만 잘 잡아도 부자가 될 수 있으니까요."

결국 사이클을 읽어내며 적절하게 대응했을 때 극한의 확률을 뚫고 성공한 투자자로 남을 수 있다. 현금이 있다면 하락장이 발생했을 때 저렴하게 주식을 매입할 수 있다. 이는 내 투자 수익이 걷잡을 수 없이 불어나는 지점에 투자하고 있다는 것이다. 이를 다섯 번만 반복한다면 큰 부자가 될 수 있다.

투자 사이클을 읽어내는 공부를 하는 동시에 노동으로 번 수익은 열심히 모아두어야 한다. 투자 실력을 쌓아가는 동안에는 시드머니의 20% 정도만을 가지고 투자를 해보자. 목돈을 열심히 모아두었다가 주식시장이 하락장에 들어섰을 때 집중 투자를 이어가자. 그때가 기회다.

1억 원을 모았다고 가정해보자. 하락장에서 투자해 상승장에 이를 매도한다면 1억 원은 2억 원이 될 수 있다. 다음 사이클에 2억 원을 또 열심히 노동으로 얻은 소득과 합쳐 2억 5,000만 원으로 만들고, 하락장에 2억 5,000만 원을 투자한다면 상승장에 매도했을 때 내 자산은 5억 원이 될 수 있다. 이를 세 번째에도 반복해본다면 5억 원은 10억 원이 될 것이다. 10억 원은 20억 원, 다섯 번째의 20억 원은 40억 원이 된다. 워런 버핏이 말한 다섯 번의 투자 기회가 나를 부자로 만들어준다는 의미가 이런 뜻이다.

워런 버핏은 사계절 투자 공식으로 열한 살 때부터 투자해 현재 100조 원 이상의 돈을 벌어들이며 자신의 신념을 결과로 입증했다. 복리의 마법은 워런 버핏을 세계 1등 투자자로 이끌었다

자신만의 투자 방정식이 없이 투자 빈도만 높이는 투자는 도박과

같다. 초심자의 행운이 작용해 단기간에는 성공할 수도 있다. 아무리 투자 실력이 뛰어나다고 해도 매일 투자한다면 개별 주식의 문제점과 시장 전체의 문제점이라는 두 가지 변수에 직면하게 된다. 결국 빈도를 높이면 높일수록 주식시장의 덫에 빠져 실패하게 된다.

장기간의 레이스에서 5%의 성공한 투자자가 되기 위해서 어떠한 선택을 해나가야 할까? 마인드를 바꿔나가는 것에서부터 시작해야 한다. 세상은 우리에게 함정에 빠질 수밖에 없는 정보를 제공한다. 주식으로 큰돈을 잃었다면 테마주, 급등 주식, 이슈 관련주, 상한가 따라잡기, 하한가 따라잡기 등 변동성이 큰 투자처에 투자하다 실패를 반복해왔을 것이다. 그럼에도 손실을 만회하기 위해 또다시 도박과 같은 투자처를 찾고 똑같은 패턴에 휘말려 실패를 반복하는 악순환에 빠졌을 수도 있다.

이제는 거짓과 진짜를 구분해야 한다. 당신의 눈을 가리고 있는 잘못된 정보를 이제는 뿌리쳐야 한다. 남의 거짓 정보에서 벗어나 나만의 기준으로 사이클을 읽는 투자법을 만들어가야 한다. 사계절 투자를 체화해 나만의 사이클을 만든다면 인생 중 다섯 번의 기회는 충분히 나에게 주어진다. 이 기회를 잡는다면 당신도 부자가 될 수 있다.

주식 근육이 필요하다

공부를 잘하기 위해서는 공부 근육이 필요하다. 선행학습을 통해 남들보다 빨리 앞서가려는 공부법은 오히려 독으로 작용할 수 있다. 기본기가 없는 상태에서 속도만을 중시한다면 저학년일 때는 앞서갈 수 있을지 모르지만 커갈수록 공부에 지쳐 자신만의 속도를 잃어갈 수 있다. 기본기가 튼튼한 아이는 시간이 지날수록 급격히 성장하는 모습을 보여준다. 사고가 유연하고 스스로 궁금해하며 성장해나간다.

주식도 마찬가지다. 주식에도 기본을 튼튼히 하는 '주식 근육'이 필요하다. 기초를 튼튼히 한다는 건 기본기를 갈고 닦아야 한다는 뜻이다. 기본기가 되어 있지 않은 초등학생 야구선수에게 처음부터 커브나 체인지업 같은 변화구를 가르쳐준다면 오히려 탈이 나 그동안의 노력이 물거품이 될 수 있다.

주식투자의 기본기는 사이클을 읽어나가는 것이고 사이클을 읽는 습관이 몸에 최적화되었을 때 변화구를 던져야 한다. 초등학교 야구선수가 직구를 배우는 방식이 주식 사이클을 알아가는 것과 같다면 변화구를 배우는 것은 개별 주식투자를 알아가는 것과 같다. 대부분은 반대로 생각하고 투자한다. 제구력도 다듬어지지 않은 상태에서 변화구를 먼저 던진다면 기회가 왔을 때 어깨가 망가져 프로 선수로 뛰지 못할 수도 있다.

우리는 마트에 장을 보러 가면 당장 100원이라도 싼 것을 사고 싶어한다. 온라인 쇼핑을 할 때도 조금 더 싸고 가성비 좋은 상품을 구매하기 위해 부단히도 알아본다. 그런데 주식투자는 어떻게 하고 있는가? 주거래 은행에서 손쉽게 증권계좌로 돈을 이체해 아무 생각 없이 남들이 좋다는 주식에 망설임 없이 투자하고 있지는 않은가? 의외로 목돈이 들어가는 주식 종목을 고를 때는 타인의 수익이나 대중매체의 권유로 선택한다. 적게는 몇백만 원 크게는 몇억 원을 순간의 감정적 선택으로 투자하고 큰돈을 잃는 일이 비일비재하다.

회사에 다니며 어렵게 모은 목돈, 내 집을 마련하기 주택 자금, 퇴직하며 받은 귀한 돈, 아이들 교육비라도 벌어보려고 모아둔 종잣돈 모두가 소중한 돈이다. 주식 근육을 만들어야 귀한 내 돈을 지킬 수 있다.

개별 주식은 지수가 크게 하락하기 시작하면 동반 하락하게 된다. 내 능력이 아무리 뛰어나다더라도 초단기 트레이더가 아닌 이상 하락장이 시작되면 주식시장에서 살아남을 수 없다. 공교롭게도 처음 투자한 투자 시기가 버블 한가운데라면 시작부터 첫발을 잘못 내디딘 것이다. 그러나 기본기가 튼튼히 되어 있다면 이러한 오류를 줄여나갈 수 있다. 하락장을 기다리며 잘 준비한다면 상승장이 시작될 때 자산이 걷잡을 수 없이 불어나는 마법을 경험하게 된다. 처음부터 변화구를 던지면 안 된다. 고등학생이 될 때까지 직구를 잘 던지는 연습을 해야 프로가 되어도 변화구를 효율적으로 던질 수 있다.

사이클을 무시한 투자자는 모두 실패했다

지금 버블 구간에서 투자하고 있다면 70%는 매도하고, 버블이 터지기 전에 빠져나오라고 조언한다. 그러나 대부분 흘려듣다 하락장으로 진입했다는 뉴스가 나올 때쯤 후회를 담은 연락을 받는다. 객관적으로 바라보자. 버블의 광기는 뉴턴도 예측하지 못했다. 버블은 큰 수익을 줄 수 있지만 큰 손실도 수반한다.

이전 부동산 가격 폭등 당시 회사에 다니는 사회초년생들, 부동산 사이클을 경험하지 못한 동료들은 지금 당장 부동산을 매입하지 않으면 거지가 될 것 같은 심리로 인해 마지막 버블 구간에 뛰어들었다. 나는 당시 부동산을 사면 안 된다고 조언했지만, 돌아오는 건 비난이었다.

이후 미국 발 금리 인상으로 인해 부동산 시장이 급락하자 마지막 버블 구간에 들어간 동료들은 집값 하락과 금리 인상으로 인한 이자 상승분에 더해 원리금까지 갚느라 심한 경우 월급의 40%가 은행에 저당 잡혀 있게 됐다. 부동산이 폭등하면 구축 아파트도 황금으로 보인다. 매매가 이루어지지 않을 것 같은 낡은 아파트의 가격도 천정부지로 뛴다. 하지만 거품이 빠지고 나면 낡은 아파트는 황금이 아니라는 것을 깨닫게 된다.

사고의 유연성, 진실과 거짓을 분간해낼 줄 아는 통찰력이 필요하다. 나는 사이클을 무시하고 투자에 성공한 사람을 본 적이 없다. 개별 주식투자를 잘하기 위해서는 사이클을 읽어내는 게 필수다. 모두가 수익을 내는 상승 사이클을 타야 하고, 하락장에서는 현금 비중을 조절해 다음 상승장을 준비해야 한다.

고기도 먹어본 사람이 먹을 줄 안다

코로나19로 인해 주식시장이 단시간에 붕괴했을 당시 우연히 들고 있던 현금으로 주식시장에 뛰어들어 몇 배의 이익을 거둔 투자자들이 있었다. 인터넷 커뮤니티에서는 이들을 '스마트 개미'라 부르며 투자를 독려했다. 몇몇 투자자들은 큰돈을 벌었다. 여기까지는 해피엔딩이다. 하지만 이후 이익을 거둔 투자자들은 두 부류로 나누어 각기 다른 행보를 이어나갔다. 첫 번째는 폭락장에서 매수한 주식을 상승 사이클을 타고 이익을 거둔 후 과감하게 익절매하고 다음 시장을 준비한 투자자이다.

당시 큰 이익을 거두고 현금화한 투자자는 미국 발 금리 인상으로 주가가 재차 하락하자 또 한 번의 큰 기회를 맞이할 수 있었다. 그러나 버블 한가운데까지 모든 자산을 끌고 가는 바람에 그동안의 수익을 모두 시장에 뱉어낸 투자자도 있었다. 양쪽 모두 이전에는 하락 사이클을 경험하지 못했지만 첫 번째 투자자는 주가가 하락할 것에 대비해 욕심을 버리고 현금을 확보했다. 두 번째 투자자는 욕심을 절제하지 못하고 하락장에서 모든 자산을 잃었다. 사이클을 어떻게 읽느냐에 따라 엄청난 수익도 안겨 주지만 다시는 기회가 주어지지 않을 수도 있다.

'고기도 먹어본 사람이 먹을 줄 안다'라는 말이 있다. 첫 번째 투자자에게는 앞으로도 하락장에서 주식을 매입했을 때 수익이 극대화된다는 경험이 머릿속에 각인된다. 수익이 극대화되는 구간은 모두가 참여하는 버블 구간이 아니다. 버블 구간은 남들이 크게 키워놓은 파이를 3배나 비싸게 사게 되는 시기다. 수익이 극대화되는 구간은 주식이 하락 사이클로 들어가 바닥을 다져가는 시점이다. 공포로 인해 모두가 두려워할 때, 버블 구간에 물려 현금이 부족할 때 현금이 있다면 제값보다 훨씬 저렴하게 파이를 살 수 있다.

공포로 인해 두렵지만 하락장의 바닥은 순금이 돌아다니는 노다지다. 하지만 현금이 없으므로 순금이 내 옆에 있더라도 살 돈이 없게 된다. 현금이 있어야 저렴하게 모든 것을 살 수 있다. 1달러에 거래되었던 파이가 3달러가 된다면, 수익이 1억 원에서 3억 원이 되는 것을 볼 수 있다. 투자 시점은 주식이 폭락하고 모든 지표가 하락의 끝자락을 가리키는 지점이다.

내 안의 부정적인 소프트웨어를 모두 교체하자

지금까지 투자에 실패했다 해도 이는 당신 잘못이 아니다. 투자에 잘못 접근했기 때문이다. 빨리 돈을 벌기 위한 투자법이 우선이라고 배웠다. 하지만 사람의 체형과 생각이 각기 다르듯 빨리 돈을 번 투자

기법은 그 사람만의 고유 투자 공식이다. 그보다 안전한 투자가 먼저다. 그 길에는 나를 유혹하는 수많은 잡음이 나에게 온다. 뉴스나 친구, 직장 동료, 소셜미디어들이 악마의 속삭임을 들려줄 것이다. 이시기는 대부분 버블 구간일 가능성이 높다.

보통 주식투자를 시작할 때 첫 단추를 잘못 끼운다. 개별 주식투자가 우선이며 빨리 남들보다 앞서야 성공할 수 있다고 배운다. 주변을 둘러봐도 모두가 같은 방향을 향해 전력 질주하고 있다. 하지만 전력 질주하는 사람은 95% 투자에 실패하게 될 운명이다. 기초가 튼튼한 공부 근육을 만들듯 사이클을 읽어내는 연습을 통해 주식투자의 기초를 튼튼히 하는 주식 근육을 먼저 만들어가야 한다. 사이클을 읽어내는 연습이 익숙해지면 개별 주식을 공부하고 이를 사이클에 접목해 투자와 연결해보자. 과거 투자에 실패했던 경험과 색다른 성공 경험을 하게 될 것이다. 이제까지 투자에 실패했던 소프트웨어가 내 몸에 깔려 있었다면 이제는 성공으로 바꾸는 소프트웨어로 교체해보자.

투자에도 순서가 있다. 숲을 보는 연습이 우선되어야 한다. 앞만 보고 걷다 보면 돌부리에 걸려 넘어질 수밖에 없다. 시장은 한결같은 패턴으로 움직인다. 아무리 뛰어난 투자자라 해도 폭락장에서 이익을 얻기란 쉽지 않다. 확률적으로 지는 게임이다. 투자 승리 확률을 높이는 방법은 상승 사이클을 제대로 타는 것이고 버블 구간을 구분해내 남들보다 한 발짝 빠르게 다음을 준비하는 것뿐이다.

모두가 같은 곳을 향해 뛰어간다면 오히려 뒤를 돌아보자. 자신이 있는 지점을 올려다보자. 무엇이 보이는가? 더 오를 것 같은가? 아니면 정상에 올라와 구름을 바라보고 있는가? 산 정상에 올라왔다 해도 구름 위를 걸어 올라갈 수 없다. 현재 구름 위를 나는 경험을 하고 있더라도 결국 구름 위는 사람이 밟고 지탱할 수 있는 공간이 아니다. 더는 오를 곳이 없다고 판단되면 이제는 하산할 준비를 해야 한다. 버블에 취해 행복해 보여도 그곳은 곧 지옥으로 돌변할 것이다. 사이클을 읽고 전체를 내려다보는 투자를 이어가야 한다. 이제부터는 지금까지 배워온 투자 지표를 통해 사이클을 적용해보자.

3장

상승장에서 미리 준비하는
다섯 가지 전략

강력한 시그널,
전고점 돌파 여부 확인하기

비관론이 만연할 때 투자하라.
비관론 때문에 가격이 싸지기 때문이다.

워런 버핏

전고점 돌파 여부

나를 투자의 세계로 안내한 친구는 가치 투자를 중점적으로 소개했다. 그는 당시 저평가되던 동양물산이라는 기업을 내게 소개했다. 정보를 찾아보니 수익과 자산에 비해 시가총액이 현저히 낮았다. 동양물산에 투자한 지 얼마 지나지 않아 이 주식이 대선 테마주라는 사실을 알게 되었다. 그렇게 나는 친구 덕에 젊은 나이에 2억 원을 벌었다.

하지만 이후 내 자산은 빠르게 늘어나지 않았다. 뭔가 또 다른 힘이 자꾸 밑으로 끌어당기는 느낌이었다. 내 자산이 고점을 찍을 당시 증시도 고점에 도달해 있었다. 2억 원까지 투자 수익을 올렸던 시점은 내가 주식투자를 잘해서가 아니라 운 좋게 상승 사이클에 투자하고 있었기 때문이었다.

증시가 하락장으로 접어들게 되면 모든 주식은 동반 하락한다. 유럽의 재정 위기가 감지되자 모든 자산은 상승을 멈추고 하락할 준비를 하고 있었다. 내 투자 수익도 고점에서 10% 정도 하락한 상태였다.

아무리 강력한 테마주라도 코스피가 하락하게 되면 힘을 쓸 수 없다. 당시 포르투갈, 이탈리아, 아일랜드, 그리스, 스페인 등을 묶어 'PIIGS'라고 지칭했는데 이들이 추가 재정 위기를 몰고 온다면 더 큰 하락이 발생할 수도 있었다. 눈에 보이지 않았지만 내 등 뒤를 서늘하게 했던 위기의 재료들이 터질 준비를 하고 있었다.

고민이 많은 나에게 친구가 찾아왔다. 벌 만큼 벌었으니 빠져나오라고 했다. 고점 대비 10% 가까운 손실이 아깝기는 했지만, 나는 친구의 조언에 따라 모든 자산을 현금화해서 시장을 빠져나왔다.

5일 뒤부터 증시는 폭락을 시작했다. 코스피는 2200선에서 1650선까지 후퇴했다. 당시 나는 지금과 같은 투자 기준이 없었다. 주식을 분할 매수해야 할 시점에서 막연히 1400선까지 내려가면 투자하겠다고 생각했지만, 증시는 1650까지 단기 폭락한 후 애플의 스마트폰 출시와 함께 다시금 전고점을 향해 방향을 선회했다. 나는 절호의 기회를 놓치고 말았지만, 동시에 하락장에 말려들면 모든 자산을 잃을 수 있다는 확고한 철학을 얻을 수 있었다.

전고점 돌파 직전에는 두려움과 희망이 공존한다

유럽 재정 위기가 진정되자 스마트폰 시대가 도래했다. 애플과 삼성전자를 필두로 시장은 무섭게 상승할 준비를 하고 있었다. 하지만 전고점 돌파를 앞두고 시장에는 다시금 공포 분위기가 돌았다. 이중 침체가 올 수 있다는 우려 덕에 현금이 있어도 투자를 하기 쉽지 않았다.

나는 당시 투자할 수 있는 돈을 들고 있었지만, 두 가지 실수를 했다. 코스피 1650선은 훌륭한 저점임에도 기준 없이 욕심을 부려 더 밑을 바라보고 있었고, 전고점 돌파 이전에 더블딥이 올 것 같은 공포에도 시달려 매수하지 못했다. 이후 나는 전고점이 돌파한 한참 뒤에야 증시에 참여하는 오류를 범했다. 현금을 제대로 활용하지 못하면서 인생 최대 기회를 놓쳤다.

시장은 전고점 돌파 이전과 전고점 돌파 이후로 나뉜다. 전고점 돌파 직전은 더블딥이 오느냐 마느냐 하는 심리 싸움이다. 뉴스에서는 항상 전고점 돌파 이전에 더블딥이 올 수 있다는 식으로 공포를 자아낸다. 대중은 공포에 짓눌려 선뜻 증시에 뛰어들지 못한다(나는 이 시기를 주식투자 사이클 상 여름이라고 부른다). 오히려 주식투자를 적극적으로 늘려가야 하는 시점이지만 두려움으로 인해 막상 주식을 매입하기가 힘들다. 증시는 더블딥 구간에서 힘겨루기하다 사람들의 의심을 타고 전고점을 뚫어낸 뒤 빠르게 상승한다(나는 이 구간을 주식투자 사이클 상 가을이라 말한다). 사람들이 공포로 인해 머뭇거리는 찰나

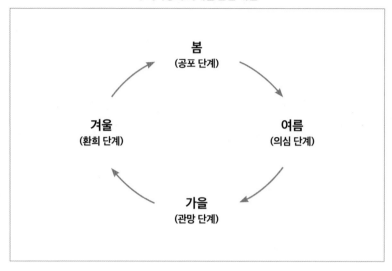

시장은 가장 빠른 상승을 만들어낸다. 멍하니 지켜보는 사이 증시는 이미 저 멀리 떠나가 버린다. 이후 달리는 기차에 어떻게든 타기 위해 개인들이 자산을 들고 시장에 참가한다. 전고점을 돌파하면 언론에서 대대적으로 보도하기 시작한다. 처음 한두 번 전고점을 돌파했을 때는 반신반의하지만 계속해서 상승한다는 뉴스에 더는 참지 못하고 버블 한가운데 들어가는 악순환을 겪게 된다.

그럼 왜 증시는 전고점 돌파를 만들어낼까? 그건 사람들의 이목을 끌어 시장에 참가시키기 위해서다. 전고점을 돌파하면 위쪽 매물이 없다. 사람들이 광기가 시장의 버블을 점점 더 키운다. 매물이 없다는 건 어디까지 올라갈지 모른다는 뜻이다. 버블 구간에서의 상승은 매우 달콤하다. 단기간에 큰 수익이 주어진다. 광기 같은 투자 심리에

우상향하고 있는 S&P 500 지수

차트	시간대별	일별

종가 단순 5 10 20 60 120

월

최고 5,490.38(-0.06%,2024/06)

5,487.03
3.97%

③

4,284.51

우상향하며 전고점을 돌파한 후
하락을 반복했다.

②

3,078.65

1,872.78

①

최저 666.92(722.74%,2009/03)

666.92

2009/11   2014/10   2019/08   24/06

출처: 키움증권 HTS

전고점 돌파 전후로 강하게 상승하는 가을 구간에는 분할 매도를 통해 현금을 50% 확보한 뒤, 전고점 돌파 후 상승과 하락을 반복하며 재차 상승하는 겨울 구간에는 분할 매도를 통해 현금 70%를 확보해야 한다.

① 첫 번째 전고점 돌파: 미국 발 금융위기 이후 상승장(애플로 시작된 스마트폰 시대)
② 두 번째 전고점 돌파: 코로나19 이후 상승장(테슬라로 시작된 전기자동차 시대)
③ 세 번째 전고점 돌파: 미국 발 금리 인상 이후 상승장(엔비디아로 시작된 AI 시대)

불이 붙기 시작하면 예측 불가능한 영역으로 들어간다. 상승이 상승을 부추길수록 미디어에서는 희망적인 기사를 쏟아낸다.

미국 증시는 일정한 패턴을 만들어왔다. 개인들에게 물량을 넘기기 위해서는 전고점을 돌파했다는 이슈를 만들어 개인을 꾀어내고 고점 횡보 구간을 만든 후 하락에 돌입했다. 워런 버핏도 버블 구간은 예측할 수 없으니 현금화 후 쉬면서 다음을 준비한다.

모든 지표가 이제는 버블 구간이 얼마 남아 있지 않음을 가리키고 있다. 기다리면 더 오르리란 환상에 사로잡혀 있다면 언젠가는 버블 폭탄을 떠안아야 한다. 더 높은 곳에 오를 수 있다고 생각하지만 이미 체력은 고갈된 상태일지도 모른다. 오히려 끊고 내려왔을 때 체력을 비축하고 또 다음 고점을 향해 나아갈 수 있다.

전고점을 돌파하기 전 빠르게 상승하는 가을 구간이 나타난다. 이때 수익이 가장 안정적이며 봄과 여름 구간에서 용기를 내어 매집했다면 50%는 이 시기에 수익화하는 게 현명하다. 나머지 50%는 버블 구간에서 대응한다면 상승장과 하락장을 동시에 준비해나갈 수 있다. 상승장과 하락장을 동시에 준비하는 투자야말로 많은 변수가 발생하는 증시에서 살아남는 유일한 방법이다. 만약 하락장에 물리더라도 현금을 들고 있다면 이후 증시가 우상향할 경우 승산이 있다.

예외도 있다. 국내 증시에서는 전고점 돌파 여부가 통용되지 않는다. 하지만 국내 증시에 투자하더라도 세계 증시의 대장인 미국을 기점으로 투자 위치를 판단해야 한다. 한 가지 지표로 증시를 100% 맞출 수는 없다.

그럼에도 상승장 구간에서 하락장을 대비하는 다섯 가지 지표를 제시해봤다. 이를 습관으로 만드는 연습이 필요하다. 그중 첫 번째는 미국 증시의 전고점 돌파 여부다.

상승장 구간 체크리스트	
체크리스트	**현재 상태 판단**
1. 전고점 돌파 여부(미국 증시 기준)	겨울(버블 구간)

이슈의 중심인 대장주로
버블 구간 확인하기

아프리카에는 사슴을 닮은 스프링복(Springbok)이라는 야생동물이 있다. 이 동물은 비극적인 최후를 맞이하는 것으로 유명하다. 스프링복은 초원에서 한가롭게 풀을 뜯다가 느닷없이 벼랑에서 떨어져 죽는다. 그 이유는 휩쓸리기 때문이다.

풀이 부족할 때는 스프링복 내에서 선두 그룹이 되려고 경쟁을 한다. 밀고 밀리는 상황에서 선두 그룹이 풀을 향해 뛰기 시작한다. 곧 뒤따르던 무리도 선두 그룹을 따라 뛰기 시작한다. 이때부터 스프링복은 본래의 목적을 상실한 채 모두 뛰는 것에만 몰두하게 된다. 결국 벼랑 앞에서도 속도를 제어하지 못하고 선두와 함께 단체로 최후를 맞이하게 된다.

주식시장에는 시장을 이끄는 대장주(대마)가 존재한다. 시장을 세

주식투자는 사이클이다

분화해서 파고든다면 각 분야별로도 대장주가 존재한다. 반도체, 자동차, 2차전지, 심지어 테마주에도 대장주가 존재한다. 2022년 11월, 미국의 금리 인상으로 인한 하락장이 마무리되자 대한민국 시장에는 2차전지 광풍이 불었다. 당시 대장주는 에코프로였다. 7개월 동안 주가가 10배 이상 상승하자 에코프로를 중심으로 2차전지 광풍이 불었다. 사람들은 제2의 에코프로를 찾기 위해 혈안이 되어 있었다. 에코프로비엠, 포스코홀딩스, 엘엔에프 등의 가격이 덩달아 뛰기 시작했다. 하지만 2023년 7월, 과도한 상승으로 인해 버블이 터지자 뒤따르던 2차전지 관련주들 또한 동반 하락했다. 에코프로가 꺾이자 2차전지 섹터는 차갑게 얼어붙었다. 뒤늦게 뛰어든 투자자들만 고점에서 물량을 받아내며 엄청난 손실이 발생했다.

투자에서는 관찰력이 매우 중요하다. 만약 각 분야의 대장주를 미리 발견해 투자한다면 좋겠지만, 대부분은 섹터로 묶여 본격적으로 상승하기 시작할 때 뉴스를 통해 정보를 접하게 된다. 투자를 망설이는 사이 주식은 대중의 의심을 타고 더욱 크게 상승한다. 그러다 더는 참지 못하고 버블 한가운데서 대장주를 매수하거나 그 뒤를 따르는 관련 섹터의 후발 주식을 매수한다.

하지만 여기서 대부분 착각하는 게 있다. 섹터로 묶이더라도 엄연히 대장주가 존재한다는 것이다. 급등한 대장주를 피해 관련 섹터의 2등, 3등 주식을 뒤늦게 매입했다 해도 이는 대장주만큼 급격하게 상승하지 않는다. 이 주식들은 언제든지 대장주가 하락하기 시작하면 동반 하락할 준비를 하고 있다. 스프링복처럼 왜 선두가 뛰는지 이유

나스닥 차트로 보는 버블 징후

차트	시간대별	일별

종가 단순 5 10 20 60 120

월

최고 17,936.79(-1.20%,2024/06)

17,721.59
5.90%

전고점 돌파 징후 확인

13,966.97

9,997.15

6,027.33

최저가 2,141.95(727.36%,2010/09)

2,057.51

| 2014/02 | 2017/07 | 2021/01 | 24/06 |

출처: 키움증권 HTS

도 모른 채 따라 뛴다면 나를 기다리고 있는 건 시커먼 낭떠러지다. 그러고서도 이유도 모른 채 시장 탓만 하게 된다.

　나는 투자를 시작하기 전 무조건 지키는 습관이 한 가지 있다. 대장 주를 한 주 사서 시장의 흐름을 읽어나간다. 알트코인에 투자할 때도 비트코인을 3만 원 정도만 매수해 시장의 분위기를 살핀다. 현재는 엔비디아 한 주를 사서 시장의 흐름을 읽어나가고 있다. 이처럼 전체 시장의 대장을 찾아낼 수 있는 관찰력을 길러야 한다. 2차전지 섹터 에 투자하고 싶다면 2차전지 섹터를 끌고 가는 대장주를 잘 관찰해야 한다. 알트코인에 투자하고 싶다면 비트코인의 사이클을 읽을 줄 아 는 관찰력이 필요하다. 자산은 개별 인격처럼 각각 움직이는 것 같지 만 유기체처럼 연결되어 있으며 그 정점에는 대장주가 존재한다. 대 장주의 움직임에 따라 상승과 하락을 반복한다. 결국, 관련 섹터에 투

엔비디아 차트로 보는 버블 징후

엔비디아		1,208.8800
무료 390 NVDA 나스닥		▼ 1.1000 0.09%

| ⑦ 적정주가 | 98.500 | 재무안정성 보통 | 경쟁우위 | 높음 |

지표 | 월 | 1분 | 1틱

종가 단순 5 10 20 60 120

102

최고 1,255.8700(-3.74%,2024/06)

1,208.8800
10.27%

943.0007

텐버거 이후 피뢰침 현상 발생

630.1314

317.2622

최저 6.1875(19,437.45%,2016/02)

4.3929

2018/02   2020/03   2022/05   24/06

출처: 키움증권 HTS

자하기 위해서는 섹터를 끌고 가는 대장주를 찾아 확인해야 투자 성공 확률을 높일 수 있다.

그럼 대장주를 통해 어떻게 버블 구간임을 확인할 수 있을까? 3장에서 알려주는 다섯 가지 지표를 하나하나 분석해나가면 된다. 투자는 확률을 높이는 싸움이다. 자신이 투자하는 위치만 객관화해도 투자 오류를 줄여나갈 수 있다. 스스로 시장 전체를 읽어내고 자신만의 사계절을 만들어나갈 때 나만의 투자 방정식이 만들어진다. 상승장과 하락장 구분법을 같이 공부한 뒤, 주식시장의 사계절을 구분해보자.

첫 번째 버블 징후는 앞서 전고점 돌파 여부라고 언급했다. 두 번째로는, 시장의 대장주를 살피면 된다. 엔비디아를 살펴보면 이미 바닥에서 10배 가까운 상승을 보였다. 이전 주기에서 테슬라는 시장을 이끌어가는 주요 종목으로 주목받았다. 테슬라 역시 바닥에서 10배 상승한 후 증시와 동반 하락했다. 앞의 차트에서 확인할 수 있듯 바닥에서 10배 가까이 올랐고 나스닥 또한 전고점 돌파 후 빠르게 상승하고 있다.

두 지표를 통해 2024년 현재 버블 구간임을 예상할 수 있다. 만약 수익이 나고 있다면 차익 실현 후 다음 사이클을 기다려야 한다. 뒤늦게 증시에 뛰어들었다면 아쉽지만 다음 사이클을 노려보는 게 현명하다. 증시 상황과 각자의 투자 시점을 객관화했다면 쉬는 것도 필요하다.

상승장 구간 체크리스트

체크리스트	현재 상태 판단
1. 전고점 돌파 여부(미국 증시 기준)	겨울(버블 구간)
2. 대장주(대마)로 버블 구간 확인	겨울(버블 구간)

버핏 지수로
버블 구간 구분하기

105세 철학자 김형석 교수는 《김형석, 백 년의 지혜》를 통해 백 년간 얻은 삶의 지혜를 풀어놓는다. 대부분 직장을 다니다 60세 전후를 기점으로 정년 은퇴한 뒤 그 이후를 끝이라고 생각한다. 하지만 60세 이후의 삶은 끝이 아니라 새로운 시작이다. 워런 버핏 역시 60세 이후에 자신의 자산 대부분을 일구어냈다. 인식의 변화가 필요한 시점이다.

나는 오랜 시간 투자 시장에서 버텨오면서 워런 버핏의 투자 습관을 깊이 관찰해왔다. 그는 버크셔해서웨이를 이끄는 명실상부 세계 1등 투자자다. 그가 아흔의 나이에 자산을 100조 원 이상 불린 비법은 간단하다. 자신만의 투자 원칙을 지키면서 복리를 통해 자산을 기하급수적으로 늘린 것이다.

단기간 빠르게 돈을 벌기 위해 급등 주식에 투자하기보다 시장을 읽어낼 줄 아는 연습을 한다면 다섯 번 이상의 큰 기회가 주어진다. 상승장과 하락장의 사이클을 읽어내고 구간마다 현금 비중을 조절하며 시장에 대응해 나간다면 얼마든지 큰 부를 얻을 수 있다. 투자도 인생과 같이 긴 여정이라고 생각한다면 기본기를 키우면서 긴 호흡으로 투자 계획을 설계할 수 있다. 우리가 추구해야 하는 것은 급등 주식과 테마주에 투자하는 것이 아니라 세계 1등의 비결을 내 삶에 적용하는 것이다.

버핏 지수

버핏 지수(Buffett Indicator). 투자자라면 한 번은 들어봤을 것이다. 버핏 지수는 국가 경제와 주식시장 가치를 함께 비교한 비율을 수치화한 지표다. 워런 버핏은 이 지수를 통해 증시가 버블 구간에 진입했다고 판단되면 현금화를 통해 버블 이후의 상황에 대처한다. 그는 버블 구간에 진입하기 전후로 자산을 수익화하기 시작한다.

지수의 방향성을 100% 맞추는 것은 사실상 불가능하다. 하지만 버핏은 자신만의 지수를 만들어 증시가 과열 구간인지 저평가 구간인지 평가해 투자 포트폴리오나 자산 비율을 조정하며 수년간 꾸준히 복리 수익을 내왔다.

버핏 지수에서 적정 가격은 105%에서 128% 사이로 산출한다.

버핏 지수 확인하기

— TMC / GDP (current: 192.6)
— TMC / (GDP+Total Asserts of Fed) (current: 153.2)

코로나19 이후
200%에 근접해 가고 있다.

81% 이하	상당히 저평가
81% ~ 105%	약간 저평가
105% ~ 128%	적정 가격
128% ~ 151%	약간 과대평가
151% 이상	상당히 고평가

출처: gurufocus.com

* TMC는 Total Market Cap의 약자로, 시가총액을 의미한다.
* GDP는 국내총생산을 의미한다.
* Total Assets of Fed는 연방준비은행의 자산 총액을 의미한다.

105% 이하 구간은 저평가되어 있다고 보며, 128%보다 높으면 버블이 발생한다고 판단해 주식 비중을 조절한다. 과거 버핏 지수가 200%를 넘어선 시기는 코로나19로 인한 버블이 유일했다. 2024년

9월 버핏 지수는 192%에 달했다.

워런 버핏은 자신만의 상승장과 하락장 구분법을 만들어 분할 매수와 분할 매도, 비중 조절을 통해 수많은 역경을 견뎌내며 수익을 냈다. 우리 역시 다양한 데이터를 바탕으로 자신만의 기준점을 만들야 투자에 성공할 수 있다. 이때 버핏 지수는 상승장과 하락장을 구분하는 하나의 방법이 될 수 있다. 버핏 지수 계산이 어렵다면 구루포커스(gurufocus.com) 홈페이지에서도 실시간 확인할 수 있다(gurufocus.com → Menu → Market → Buffett Indicator).

한두 가지 지표만으로 모든 것을 찾아낼 수 없다. 여러 각도에서 보아야 한다. 버핏 지수 또한 버블 구간에서 참고할 수 있다. 2024년 가을에는 버핏 지수가 코로나19 버블 당시 도달했던 200%로 근접해가고 있다. 버핏 지수가 192%를 가리키고 있기에 고평가 구간을 뛰어넘었다는 것을 알 수 있다. 이처럼 현재 위치를 버핏 지수에 대입해보면서 증시 위치를 파악해보자.

상승장 구간 체크리스트

체크리스트	현재 상태 판단
1. 전고점 돌파 여부(미국 증시 기준)	겨울(버블 구간)
2. 대장주(대마)로 버블 구간 확인	겨울(버블 구간)
3. 버핏 지수로 버블 구간 확인	겨울(버블 구간)

주식투자는 사이클이다

공포 지수로
버블 구간 확인하기

**수익을 당연하게 여기는 생각은
주가가 큰 폭으로 하락하면 확실히 치유된다.**

피터 린치

러시아-우크라이나 전쟁이 발발하자, 재건 관련 주식들이 들썩였다. 전쟁으로 인한 공포와 절망 속에서도 사람들은 희망과 기회를 내다보게 된다. 전쟁은 인간에게 주어진 가장 끔찍한 절망이다. 모든 게 파괴되고 사랑하는 사람을 잃을 수 있다. 하지만 전쟁이 끝나면 아픔을 묻어두고 새로 시작하겠다는 강한 열망이 생겨난다. 전쟁 가운데서도 생명이 태어난다.

모든 게 부서지고 피폐해진 상황에서도 꽃은 핀다. 러시아-우크라이나 전쟁이 끝나면 이들은 아무것도 없는 바닥에서 다시 시작해야 한다. 다시 시작하기 위해서는 재건이 우선이다. 건물을 지어야 하고 도로를 새로 깔면서 인프라를 구축해야 한다. 경제는 곤두박질쳤지만, 재건과 함께 다시 활력을 찾을 것이다. 경제성장률은 다시금 상승할 것이다.

변동성 지수로 불리는 VIX(Volatility Index)는 흔히 공포 지수로 여겨진다. 이는 S&P 500 지수 옵션에 기반해 변동성을 측정하는 방식인데 각 옵션의 가격은 30일 전향적 변동성 예측을 대표한다. 이는 주식시장이 하락할 때 반대로 상승하기에 공포 지수라 불린다. 주식이 폭락할 때 변동성 지수는 오히려 더 크게 상승한다.

VIX 지수는 인덱스펀드와 다르게 직접 주식형으로 거래할 수는 없고 선물을 기반으로 한 ETF(Exchange Traded Fund, 상장지수펀드)나 ETN(Exchange Traded Note, 파생결합증권)으로 거래할 수 있다. 또한 인버스 개념처럼 지수가 올라간다고 해서 VIX 지수가 내려가고 지수가 내려간다고 해서 올라가는 것도 아니다. 만약 S&P 500 지수가 외부 충격으로 인해 사흘 정도 하락하다 우상향한다면 VIX 지수는 단기간 상승했다 제자리로 돌아오게 된다. 지수가 우상향한다고 해서 계속해서 VIX 지수가 우하향하는 것도 아니다. 주식이 폭락하기 시작하면 VIX 지수는 치솟는다.

VIX 지수는 보통 20 이하일 때 과매수 상태로 투자자들의 심리가 안정적임을 나타내며 주식시장에 버블이 끼어 있을 때는 우상향하고 있을 가능성이 높다. 이때의 VIX 지수는 15에서 20가량으로 유지되며 아무리 주식시장이 안정적이어도 15 이하로 내려가기는 힘들다. VIX 지수가 30에서 40 이상일 때는 과매도 상태로 투자자들의 심리가 불안정함을 의미한다. 50 이상일 때에는 역사적인 대폭락장이 발생했다.

VIX 지표

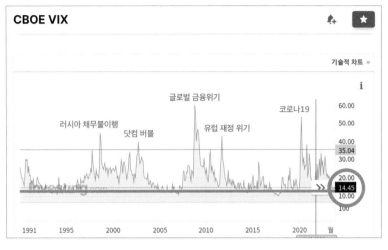

VIX 지수: 15~20	안정적인 주식시장(버블 구간 확인)
VIX 지수: 30 이상	불안정한 주식시장(폭락 구간 확인)

출처: investing.com

이처럼 VIX는 상승장과 하락장을 구분하는 지표로 활용 가능하다. 주식시장이 안정적일 때는 VIX 지수도 변동성이 적지만 주식시장이 불안정하면 VIX 지수가 치솟는다는 것을 기억하자. VIX 지수는 증시 과열 구간과 폭락 구간에 들어섰을 때 살펴야 하는 지표다.

우리가 VIX 지수를 통해 알 수 있는 건 두 가지다. VIX 지수가 30 이상으로 치솟았을 때 반대로 주식시장은 폭락하면서 큰 기회가 찾아왔다. 반대로 증시가 앞서 분석한 세 가지 지표, 전고점 돌파 여부, 대장주 급등, 버핏 지수로 확인되는 과열 구간에 들어선다면 VIX 지수는 안정되어 15 이하로 형성되어 있다.

공포 지수는 버블 구간에서 확인해야 하는 지표다. 버블 구간에서 VIX 지수가 매우 안정적이라면 이후에 증시 방향성이 급격하게 바뀔 수도 있다고 내다봐야 한다. 안정적이라는 건 좋은 의미지만 반대로 증시가 폭락하면 공포 지수는 급격하게 치솟을 것이다.

버블 구간에서도 VIX 지수의 안정적 흐름에 주목해야 한다. 큰 배와 같은 미국 증시가 방향을 다 틀 때쯤이면 VIX 지수 또한 매우 안정적일 가능성이 높다. 증시가 하락장을 준비할 때부터 VIX 지수는 요동치며 치솟을 준비를 하고 있다. 따라서 VIX 지수를 바탕으로 버블 꼭대기에서 반대되는 지표를 확인해보면 증시라는 큰 배가 어디를 향하고 있는지 알 수 있다.

상승장 구간 체크리스트

체크리스트	현재 상태 판단
1. 전고점 돌파 여부(미국 증시 기준)	겨울(버블 구간)
2. 대장주(대마)로 버블 구간 확인	겨울(버블 구간)
3. 버핏 지수로 버블 구간 확인	겨울(버블 구간)
4. VIX 지수로 버블 구간 확인	겨울(버블 구간, 매우 안정적)

주식투자는 사이클이다

tip.

VIX 지표를 반대로 해석하는 이유는 증시에도 상승장과 하락장이 있는 것처럼 증시와 반대로 움직이는 지표가 VIX이기 때문이다. 세 가지 지표가 버블 구간을 향하는데 VIX 지수가 매우 안정적이라면 앞으로 VIX 지수는 치솟을 수 있다.

달러와 엔으로
버블 구간 확인하기

내가 중학생이던 당시 부모님은 음식점 장사를 하고 계셨다. 백반 장사와 떡볶이 장사를 병행하며 매장에서는 떡볶이를 팔고 근처 점포에는 백반을 배달하는 시스템이었다. 나는 장사하는 부모님을 돕고 싶어 수업을 마치면 가게로 달려와 일했다.

1997년, IMF가 터지면서 '나라가 망했다'라는 뉴스가 흘러나왔다. 대통령이 직접 '금 모으기 운동'을 독려할 정도였다. 당시 1달러가 2,000원까지 치솟으며 수출입 문제가 발생하자 구매 대란이 일어났다. 당시 부모님의 가게에서는 설탕과 커피를 대량으로 구매했는데 가격이 오르면서 어머니의 고민이 깊어졌다. 그런데 운 좋게 대형할인점에서 1인 한정으로 설탕과 커피 한 봉지를 IMF 이전 가격으로 살 수 있다는 말을 들었다. 이 소식을 전하자 어머니는 웃으며 내 머리를 쓰다듬어주셨다. 칭찬은 고래도 춤추게 한다. 나는 방과 후에 대형 할인점을 돌아다니면 저렴한 설탕과 커피를 찾기 위해 애썼다. 그때부터였을까? 나도 모르게 경제 흐름을 읽는 습관이 생겼다.

2024년, 미국이 금리 인상을 단행한 뒤로 인플레이션의 무서움을 다시 한 번 체감하고 있다. IMF 당시에도 수입 물품 가격이 천정부지로 치솟으면서 인플레이션으로 인한 서민들의 고통 속에 경제가 붕괴하는 이중고를 겪었던지라 이번 인플레이션도 주목해서 지켜보게 된다.

현재 세계의 판돈은 달러다. 미국은 세계 판돈이라는 기축통화의 지위를 이용해 세상을 지배하고 있다. 달러는 금 다음으로 안전한 자산이라 여겨지기에 달러의 입지는 더욱 공고해지고 있다. 베네수엘라, 멕시코, 아르헨티나에서 그 결과를 확인할 수 있다. 이들 국가는 과거 선진국에 속했지만, 현재는 달러가 부족해 빈곤 국가로 전락해 버렸다. 달러의 뒤를 이은 일본의 엔 또한 준기축통화의 지위를 부여받으며 대표적 안전자산으로 분류된다.

주식은 대표적 위험자산으로 꼽힌다. 신용이 불확실하며 원금을 보장하지 않는다. 안전자산으로 분류되는 달러와 엔은 신용이 확실하며 원금을 보장한다. 이들은 주식시장에 위기가 발생하면 반대로 움직이는 경향이 있다. 따라서 투자를 할 때는 주식과 환율이 반대로 움직이는 규칙을 이용하자.

IMF 시기와 리먼 브러더스로 촉발된 미국 발 금융위기 당시, 주식이 폭락할 때 달러와 엔은 반대로 상승했다. 하지만 일본의 경우

엔-환율 차트

⬇ **8.6882** -0.0699 (-0.80%)

🕐 05:59:55 - 실시간

엔은 역사적 저점에
도달해 있다.

주식시장 폭락 ▼	달러와 엔 상승 ▲
주식시장 상승 ▲	달러와 엔 하락 ▼

출처: investing.com

* 주식시장 상승기: 달러 가격은 800원에서 1,150원 사이에 형성됨.
* 주식시장 상승기: 엔 가격은 800원에서 1,000원 사이에 형성됨.

2024년 현재 '잃어버린 30년'으로 인해 디플레이션(침체)에 들어서며 엔저에 머물러 있다. 반면 달러는 주식이 버블 구간에 진입했음에도 강달러 현상을 보이고 있다.

그렇다면 다르게 생각해봐야 한다. 달러와 엔을 통해 현재 증시 상황을 예측할 수 있다는 뜻이다. 달러가 강달러를 유지하고 있는데 엔화는 저점에 도달해 있으므로, 미국 증시가 하락장으로 접어든다면 엔은 급격히 치솟을 가능성이 높아진다. 이렇게 달러와 엔은 버블을

주식투자는 사이클이다

확인하는 지표로 활용할 수 있다.

반대되는 자산은 위험자산이 꺾이면 한순간에 포지션이 바뀐다. 이 시기가 버블 구간임을 앞의 네 가지 지표가 가리키고 있다. 엔마저 역사적 저점에 도달해 있을 때 증시가 붕괴하면 안전자산과 위험자 산의 위치가 바뀔 수도 있다. 따라서 증시가 뜨겁게 달아오를 때 안전 자산인 환율을 주시해보자.

상승장 구간 체크리스트

체크리스트	현재 상태 판단
1. 전고점 돌파 여부(미국 증시 기준)	겨울(버블 구간)
2. 대장주(대마)로 버블 구간 확인	겨울(버블 구간)
3. 버핏 지수로 버블 구간 확인	겨울(버블 구간)
4. VIX 지수로 버블 구간 확인	겨울(버블 구간, 매우 안정적)
5. 달러와 엔으로 버블 구간 확인	겨울(버블 구간, 역사적 저점)

tip.

네 번째 지표까지 겨울(버블 구간)임을 가리키고 있다면 달러와 엔을 확인해 야 한다. 만약 달러와 엔이 저점에 도달해 있다면 이후에 시장이 반대로 움 직일 수도 있다고 예측할 수 있다.

10분 만에 확인하는
상승장 구간 체크리스트

이 책을 쓰는 2024년 가을, 공교롭게도 모든 지표가 버블 구간을 가리키고 있다. 나는 현재 단기 투자금인 15% 정도를 제외한 모든 자산을 엔에 투자하고 있다. 증시가 버블 구간을 가리키고 있기 때문이다. 상승 사이클을 이용해 수익을 거뒀지만 버블 구간에서 쉬는 건 매번 곤욕이다. 막상 쉬는 건 쉽지 않다.

앞에서 제시한 투자 방법이 100% 시장에 적용될 수 있다고는 생각하지 않는다. 하지만 다섯 가지 지표를 의미 있게 분석하다 보면 분명 버블을 가리키는 구간이 보인다. 시간이 없거나 아직 실력이 미미하더라도 하루 10분 정도는 시장을 읽어내는 노력을 해야 한다.

주식시장은 약육강식의 세계다. 귀찮고 모른다는 이유로 시장을 회피한다면 그 화살은 분명히 나에게 돌아온다. 매일 체크리스트를 확인하는 습관을 만들며 시장을 분석해보자. 뭐든지 처음 시작할 때는 오래 걸린다. 하지만 체화된 후에는 10분 정도만으로도 충분하다. 지하철에서 스마트폰으로 다른 숏츠를 보기 전에, 잠깐만이라도 사이클을 체크하는 10분 습관을 만들어보자.

사이클을 읽어나가는 이유는 결정적인 기회를 만들기 위해서다. 축구장에서 축구선수들은 골을 넣기 위해 쉼 없이 뛰어다닌다. 만약 골이라는 목표가 부여되지 않았다면 90분 내내 뛰는 이유가 없을 것이다. 투자도 마찬가지다. 지금 당장은 의미가 없어 보이지만 한 번의 기회를 위해 10분 습관을 만들어가는 것이다. 다음 표와 같이 나만의 주식시장 사계절을 표시해보자.

상승장 구간 체크리스트

체크리스트	현재 상태 판단
1. 전고점 돌파 여부(미국 증시 기준)	겨울(버블 구간)
2. 대장주(대마)로 버블 구간 확인	겨울(버블 구간)
3. 버핏 지수로 버블 구간 확	겨울(버블 구간)
4. VIX 지수로 버블 구간 확인	겨울(버블 구간, 매우 안정적)
5. 달러와 엔으로 버블 구간 확인	겨울(버블 구간, 역사적 저점)

나만의 상승장 구간 체크리스트

체크리스트	현재 상태 판단
1. 전고점 돌파 여부(미국 증시 기준)	
2. 대장주(대마)로 버블 구간 확인	
3. 버핏 지수로 버블 구간 확	
4. VIX 지수로 버블 구간 확인	
5. 달러와 엔으로 버블 구간 확인	

4장

하락장에서도 어떻게든
수익 내는 다섯 가지 전략

하이먼 민스키 심리 곡선
활용하기

인기 주식은 빠르게 상승한다.
그러나 빠르게 처분하지 못하면 이익은 손실로 둔갑한다.

피터 린치

2023년, 대한민국에 탕후루 열풍이 불었다. 중국의 대표적 간식 중 하나인 탕후루는 소셜미디어를 타고 번져나갔다. 탕후루는 달콤하면서 아삭하고 상큼해 순식간에 입소문이 돌기 시작했다. 유튜브나 숏츠 등을 통해 소셜미디어에 탕후루 영상이 공유되면서 업체들도 우후죽순 생겨나기 시작했다. 나는 직감적으로 탕후루 열풍이 치솟는 단계가 하이먼 민스키 심리 곡선상 환상과 탐욕 구간이라는 것을 알았다.

탕후루는 조리법이 복잡하지 않고 초기 자본금이 적어 쉽게 매장을 시작할 수 있었다. 이를 이용한 몇몇 프랜차이즈들은 퇴직자들을 끌어들여 빠르게 매장 수를 늘려갔다. 처음 몇 달간은 사람들의 호기심과 사회적 이슈로 인해 성과가 나쁘지 않았다. 문제는 우후죽순 매장이 생겨나고 사람들의 호기심도 식어갈 때였다. 설탕이 너무 많이 들어간다며 건강에 대한 우려가 제기되었고, 사람들은 금세 다른 아이템에 열광했다. 탕후루 열풍은 언제 그랬냐는 듯 빠르게 가라앉았다. 주식시장이 빠르게 타올랐다 꺼지는 현상과 비슷했다.

탕후루에 대한 관심이 급격히 사그라들자 매출은 하루 5만 원 이하로 꺾였다. 곧 주식시장처럼 투매가 발생하기 시작했다. 더는 못 버틴 자영업자들이 매장을 내놓으며 노후 파산에 이른 것이다. 탕후루 열풍은 주식시장에도 비일비재하게 일어난다.

과거 조류 인플루엔자로 가금류 사업이 크게 휘청였을 때 이야기다. 뉴스에서 연일 조류 인플루엔자 관련 뉴스를 틀어대니 사람들은 가금류 소비를 줄여갔다. 이어 통닭집이나 삼계탕집을 내놓는 곳들이 생겼다. 그런데 지인 한 명은 이 시기에 기술 전수도 받으며 무권리금으로 삼계탕 가게를 인수했다. 그 가게는 나름 입소문을 타며 성공한 가게였음에도 덩치가 큰 매장이라 충격도 두 배였다. 이를 본 지인이 승부수를 던진 것이다.

그는 6개월은 버티겠다는 마음으로 3개월 동안 기술 전수를 받았다. 가게를 인수하고 몇 달 지나지 않아 조류 인플루엔자에 대한 관심은 빠르게 사그라들었다. 그동안 쌓였던 가금류 수요가 폭발하며 장사는 예전만큼 잘되기 시작했다. 맛까지 변함없으니 이전에 장사가 잘되던 가게로 돌아왔다. 그는 1년 반 뒤에 3억 원의 권리금을 받고 매장을 팔았다.

누군가에게는 공포 같은 시장이지만 전쟁 중에도 꽃이 피듯 위기

하이먼 민스키 심리 곡선

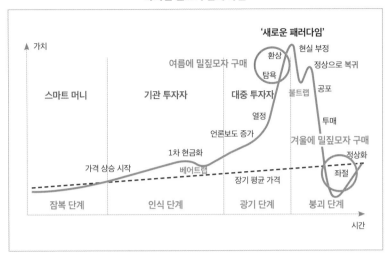

속에 기회도 담겨 있다. 어떤 시각으로 세상을 바라보느냐에 따라서 하락장은 충분히 큰 기회일 수 있다.

'밀짚모자는 겨울에 사라'는 말이 있다. 밀짚모자는 비수기인 겨울에 저렴하게 살 수 있다. 주식시장도 마찬가지다. 모두가 뛰어드는 버블 구간에서 주식을 매입하는 건 남들이 키워놓은 판에서 3배 높은 가격으로 주식을 대신 매입해주는 것과 같다. 우리가 주식을 매입해야 할 시점은 추운 겨울 밀짚모자를 사두듯 저렴한 시점을 찾아 저가에 주식을 매입하는 것이다.

하이먼 민스키 심리 곡선을 다시 살펴보자. 버블이 터지면 대중은 고점에서 현실을 부정하기 시작한다. 그러다 공포로 인해 투매가 발생해 주식이 폭락하기 시작하면 손실에 대한 스트레스를 참지 못하고 자산을 매도하기 시작한다.

만약 버블 구간에서 자신의 규칙대로 현금화한 뒤 투매가 나오는 시점에서 주식을 매입한다면 밀짚모자를 겨울에 싸게 사는 효과를 누릴 수 있다. 물론 하락장 끝자락에서 주식을 매수하는 것은 두렵다. 증시가 더 떨어질 것 같고 경제가 붕괴할 것 같은 느낌이 든다.

하지만 이제부터 제시할 다섯 가지 지표를 하나씩 대입해본다면 하락장에서 용기를 낼 수 있는 구간이 보일 것이다. 우리는 그 구간에 현금을 들고 주식을 매수해야 한다.

시장은 그렇게 호락호락하지 않다. 곳곳에 덫이 숨어 있다. 그 덫에 빠지지 않는 방법은 사람들의 심리를 읽어내고 시장 전체를 보며, 주식시장이 극한의 두려움에 빠졌을 때 주식을 매입하는 것이다. 4장에서 설명하는 다섯 가지 지표를 추가로 확인한다면 증시가 바닥에 근접해 있을 때 매수할 수 있는 길이 보인다.

하락장 구간 체크리스트

체크리스트	현재 상태 판단
1. 하이먼 민스키 심리 곡선 (주변 지인들의 반응 확인)	"매도하고 시장에서 빠져나와야 할까 봐." "이제는 주식투자 안 하려고." "내가 왜 스트레스 받아가며 이 고생을 했는지 모르겠어." "주식이라면 꼴도 보기 싫어. 다 처분하고 손 뗄 거야."

주식투자는 사이클이다

2

고점 대비 30%
하락 지점 찾아내기

**대중의 의견을 꿰뚫어 보고, 현재의 진실이 무엇인지 찾아낼 수 있는
능력이 있다면 주식투자에서 엄청난 성과를 거둘 수 있을 것이다.**

필립 피셔(Philip Fisher, 투자전문가)

영화 〈히말라야〉는 엄홍길 대장의 히말라야 등정을 그린 영화다. 당시 개교 기념으로 계명대학교 등산부 출신들이 에베레스트 원정대를 꾸렸다. 박무택 대장과 장민 대원 두 사람은 에베레스트 정상 등반에 성공했다. 그러나 해발 8,500미터 지점에서 장민 대원이 탈진하고 박무택은 설맹으로 앞을 볼 수 없게 되었다. 박무택 대장은 장민 대원을 먼저 내려보내고 산소 없이 홀로 밤을 보낸다. 그러나 장민은 하산 도중 실종되었다.

알룽캉을 등정하던 엄홍길은 하산길에 박무택의 시신이 암벽에 밧줄째로 매달려 있다는 이야기를 듣고 그들의 시신을 찾아오려는 〈휴먼 원정대 프로젝트〉를 진행했다. 하지만 시신의 무게로 인해 시신 인수에 실패하고 만다. 결국 그는 원정대원들의 생존과 안전을 위해

산에 사망자들의 돌무덤을 만든 뒤 하산해야 했다.

8,000미터 이상급 산에 등정하는 건 내 목숨을 담보해야 하는 대단한 여정이다. 하지만 체력이 모두 고갈된 상태에서 욕심을 부린다면 다음 기회는 나에게 주어지지 않을 수 있다. 산에 등정하는 것은 주식시장의 상승 사이클을 타는 것과 같다. 더 높은 산봉우리에 올라가기 위해 위를 바라보지만, 산꼭대기에 이를 때쯤 내 체력은 한계를 느끼게 된다.

주식시장의 버블 꼭대기에도 산소는 부족하다. 조금 더 오르려다가는 산소 부족으로 목숨이 위태로울 수 있다. 산에도 봉우리가 존재하는 것처럼 주식시장에는 고점이 존재한다. 상승장과 하락장이라는 한 사이클이 지나면 산봉우리처럼 하나의 고점(봉우리)이 만들어진다. 또다시 한 사이클이 지나면 또다시 새로운 고점(봉우리)이 만들어진다. 나무에 나이테가 생기는 것처럼 과거 사이클은 고점 지표를 만들어낸다.

한 번의 사이클은 그 당시 증시의 고점을 만들어낸다. 주식시장은 상승 사이클을 만들어내면서 오르기 시작한다. 그리고 하락 사이클 진입 직전 고점을 만들어내고 하락장에 돌입하게 된다. 이를 우리는 주식시장의 사이클이라고 부른다.

고점을 찍고 나면 증시는 하락장으로 전환하게 된다. 이 시기 사람들은 공포에 질려 증시가 끝없이 하락할까 봐 무서워하지만 증시는 어느 시점에서 하락을 마무리하고 다시 고점을 향해 나아간다. 따라서 과거 데이터를 통해서 고점 대비 어느 정도 하락했는지 통계적으

주식투자는 사이클이다

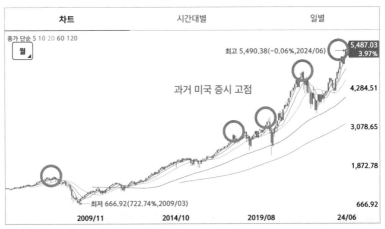

S&P 500으로 보는 고점 위치

차트	시간대별	일별

종가 단순 5 10 20 60 120
월

과거 미국 증시 고점

최고 5,490.38(-0.06%,2024/06)

5,487.03
3.97%

4,284.51

3,078.65

1,872.78

최저 666.92(722.74%,2009/03)

666.92

2009/11   2014/10   2019/08   24/06

출처: 키움증권 HTS

로 살펴본다면 의미 있는 데이터가 나오지 않을까? 과거 하락장을 만든 원인을 안다면, 앞으로도 비슷한 하락장이 만들어진다면 폭락장일 때 용기를 내 저점에 주식을 매수할 수 있지 않을까?

나는 과거 데이터를 분석해보고 유의미한 지표를 찾아낼 수 있었다. 나는 유럽 재정 위기 당시 현금을 들고 있었지만 추가 하락장의 공포로 인해 주식을 추가 매수할 수 없었다. 세계 3대 기축통화인 유로가 무너진다는 공포 때문이었다. 하지만 증시는 결국 회복해 고점을 향해 나아갔다. 따라서 고점 대비 40%까지 하락하면 산다는 식으로 단순하게 결정하는 것이 아니라 시장의 흐름을 따라가며 다른 지표와 함께 원하는 가격대가 오면 분할 매수로 대응해야 한다.

하락장 끝자락에서의 공포를 겪어보지 못한 사람은 그 무서움을 모른다. 사람들은 하락장의 끝자락에 항상 대공황이 찾아온다고 이야기한다. 과거 대공황을 살펴보면 고점 대비 80% 가까운 하락이 발생했다. 하지만 과거 대공황 때 경제와 지금의 경제는 체질이 달라졌다. 시스템적으로 갖춰져 있으면 경제 위기에 대응하는 매뉴얼이 존재한다. 기업들도 과거보다 탄탄해졌다. 하락장에서는 비관적으로 시장을 보기보다 스스로 기준을 잡아 원하는 가격대가 오면 분할 매수에 들어가야 한다.

증시는 항상 고점을 만들었다. 시간이 흐르고 나서 하락 사이클이 마무리되는 시점에서 고점 대비 어느 정도나 하락했는지 계산해보자. 최근 증시는 30% 선에 하락을 마무리했다. 2008년 미국 발 금융위기 당시는 금융제도를 흔들 정도의 큰 위기였기 때문에 50% 이상 하락했지만 2018년 이후에는 30% 근처에서 하락을 마무리하고 상승 사이클로 돌아섰다.

과거 예측하지 못한 증시 위기들(전고점 대비)	
1929년 대공황	-85%
1987년 블랙 먼데이	-18%
2008년 미국 발 금융위기	-56%
2018년 연방준비은행 금리 인상	-30%
2020년 코로나19	-30%
2022년 연방준비은행 금리 인상	-35%

주식투자는 사이클이다

하락장 구간 체크리스트

체크리스트	현재 상태 판단
1. 하이먼 민스키 심리 곡선 (주변 지인들의 반응 확인)	"매도하고 시장에서 빠져나와야 할까 봐." "이제는 주식투자 안 하려고." "내가 왜 스트레스 받아가며 이 고생을 했는지 모르겠어." "주식이라면 꼴도 보기 싫어. 다 처분하고 손 뗄 거야."
2. 고점 대비 하락률	고점 대비 하락률이 30%인 시기를 체크하자.

tip.

하이먼 민스키 심리 지표상 투매가 발생하고, 주식투자를 그만두는 투자자들이 많아질 때가 기회일 수 있다. 증시 상황이 고점 대비 30% 이상 하락 중이라면 분할 매수 시점을 고려해보자.

월봉과 연봉으로
저점 찾아내기

여름휴가를 계획했다면 여행을 준비하는 과정이 가장 설레기 마련이다. 그러나 막상 여행지에 도착해보면 낯선 환경 때문에 잔뜩 긴장하기 마련이다. 출발 전에 다양한 정보를 습득해두었지만 새로운 길을 보면 당황할 수밖에 없다.

첫날 숙소에 짐을 풀고 나면, 한국인들이 주로 가는 식당이나 여행지를 찾는다. 남들이 미리 확인해둔 정보가 신뢰를 주기 때문이다. 사흘째쯤에야 용기를 내어 여행 범위를 넓히게 된다. 나흘째에는 과감해져 더 넓은 지역을 둘러보게 된다. 그렇게 시간을 보내다 보면 어느새 돌아가야 할 시간이 온다. 이제 여행지에 대해 알게 되었는데 조금 더 머물고 싶은 아쉬움이 남는다. 비행기가 이륙한 뒤 차창을 통해 점점 멀어지는 여행지를 바라다보면 도시의 전체 모습이 눈에 들어온다. 그제야 내가 다닌 여행지는 이 도시의 굉장히 협소한 부분이라는 것을 깨닫게 된다.

나는 투자를 할 때 꼭 지키는 몇 가지 습관이 있다. 수년간 투자하면서 몸에 익힌 습관이다. 주식투자를 할 때도 비행기 안에서 여행지 전체를 내려다보듯 시장 전체를 내려다본다. 초보 투자자에게 주식시장은 낯선 여행지와 같다. 편한 곳만 돌아다닌다면 얕은 시야로만 여행지를 바라볼 수밖에 없다. 주식투자 또한 근시안적인 관점을 벗어나 전체를 볼 수 있는 시각의 변화가 있을 때에야 더 성장할 수 있다.

이제까지 만난 많은 투자자들 중 의외로 근시안적인 습관으로 투자에 임하는 이들이 많다. 이들은 대부분 차트의 일봉만을 바라보고 일희일비하고 있었다. 일봉만 보고 투자하는 것은 땅을 보고 걷는 것과 같다. 시야를 넓혀 월봉과 연봉을 보고 투자하는 것은 산 정상에서 도시 전체를 내려다보는 것과 같다. 시각을 넓혀주는 월봉과 연봉을 보고 투자하는 투자자들은 100명 중에서 1명도 찾아보기 쉽지 않다.

근시안적 시각으로 시장을 바라보면 하락장 시기에 투자를 해도 되는지 확신할 수가 없다. 하지만 월봉과 연봉을 통해 시장 전체를 읽어나간다면 투자할 수 있는 지점을 찾아낼 수 있다. 월봉과 연봉을 보고 투자하는 습관은 특히 하락장에서 매수할 수 있는 기준이 된다.

2021년 11월, 미국 발 금리 인상이 이루어지면서 시장은 급격히 하락장으로 진입했다. 이미 9개월 동안 서서히 하락해왔기에, 하락장이 끝난 줄 알고 주식을 샀던 투자자들은 생각보다 길었던 하락장에 백기를 들고 투항하게 된다. 나는 3장에서 소개했던 다섯 가지 지표를

코스피 지수로 연봉 10일선 확인

차트	시간대별	일별

종가 단순 5 10 20 60 120

년

위기 속에서도
연봉 10일선을 지키며
우상향하고 있다.

최고 3,316.08(-15.63%,2021) → 3,316.08

2,797.82
5.37%
2,519.91

미국 발
금리 인상

코로나19

1,723.74

미국 발
금융위기

927.57

최저 131.40(2,029.24%,1985)

131.40

1995   2005   2015   2024

출처: 키움증권 HTS

확인한 뒤 버블이 터질 것을 직감해 모든 주식을 처분하고 현금화했
다. 그중 코스피 연봉과 삼성전자 월봉에서 확인할 수 있는 정보를 바
탕으로 주가가 저점에 도달했음을 알 수 있었기에 분할 매수를 통해
하락장에 대응했다. 하락장 막바지에 매수한 주식은 내게 크고 달콤
한 수익을 만들어주었다.

상승장에서 읽는 지표가 있고 하락장에서 읽어야 하는 지표가 있
다. 이 두 지표를 같이 읽어낼 때에야 주식시장의 사이클을 타고 성공
한 투자자가 될 수 있다. 하락장에서 보는 지표 중 하나가 코스피 연
봉이다. 코스피를 연봉으로 확인해보면 하늘색 10일선(2주 동안의 주가
흐름)을 깨고 내려간 적은 없다는 것을 알 수 있다. 그중 첫 번째 시기
가 2008년 미국 발 금융위기 당시고, 두 번째는 코로나19였다. 세 번
째가 미국 발 금리 인상 시기다. 모두 10일선을 지키며 지수가 상승하

주식투자는 사이클이다

상승장 패턴

삼성전자(대마) 상승 ➜ 코스피 지수 상승 ➜ 개별 주식 상승

하락장 패턴

삼성전자(대마) 하락 ➜ 코스피 지수 하락 ➜ 개별 주식 하락

고 있다는 것을 알 수 있다.

코로나19 때는 10일선을 크게 이탈했지만 1년을 놓고 살펴보면 10일선 위로 다시 올라서며 우상향을 이어나갔다. 따라서 단기적 시각이 아닌 연봉을 보고 저점을 찾아가면 된다. 두렵더라도 10일선 근처에 도달하면 주식을 매입해야 한다. 우리는 완전한 바닥을 찾아낼 수는 없지만, 분할 매수를 통해 매입 타이밍은 찾아갈 수 있다.

미국 시장의 대마는 수시로 교체되지만, 국내 증시의 대마는 삼성전자다. 삼성전자가 상승 패턴으로 방향을 틀면 코스피 지수도 상승하고 이후 개별 주식 또한 동반 상승한다. 반대로 하락장이 시작되면 삼성전자가 하락 패턴으로 돌입하고 이후 코스피 지수가 하락한 뒤 개별 주식이 하락하는 패턴으로 움직인다. 즉, 삼성전자의 저점이 국내 주식시장의 저점일 가능성이 높다. 과거 데이터를 살펴보면 어떤 위기가 와도 삼성전자 월봉 60일선(3개월 동안의 주가 흐름)은 깨지지 않았다. 그러므로 코스피 연봉 10일선과 함께 삼성전자 월봉 60일선을 주의해서 보아야 한다. 삼성전자 월봉으로 살펴봐도 2000년도 초

삼성전자 월봉 60일선

☆ **삼성전자**
신 005930

81,500
▼ 100 0.12%

| 지표 | **월** | 60분 | 1틱 |

종가 단순 5 10 20 60 120

188

최고 96,800(-15.81%,2021/01) →

96,800

81,500
10.88%

74,655

위기 속에서 삼성전자 월봉 60일선을
지키며 우상향하고 있다.

52,510

30,365

최저 8,220(891.48%,2008/11)

8,220

2012/09   2016/08   2020/07   24/06

출처: 키움증권 HTS

반부터는 초록색 60일선을 한 번도 깨고 내려간 적이 없다.

삼성전자가 월봉 60일선에 근접했다는 것은 증시의 하방 압력으로 인한 공포가 크다는 뜻이다. 반대로 생각해보면 저 지점에서 주식을 매입한다면 이후 큰 수익이 발생할 수 있다는 것을 의미한다. 꼭 삼성전자를 사지 않더라도 삼성전자가 올라야 개별 주식도 오르기 때문에 개별 주식의 매수 적기 또한 삼성전자 월봉 60일선을 살펴보아야 한다.

나 또한 미국 발 금리 인상 위기로 인해 공포로 가득한 시장에서 코스피 연봉, 삼성전자 월봉 60일선이 동시에 근접하는 것을 확인한 뒤 주식을 분할 매수해왔다. 공포가 가득한 시장에서 일봉만 본다면 매수 적기를 찾아 나가기 힘들다. 두려움으로 인해 내가 투자하는 구간을 객관화하기 힘들기 때문이다. 월봉과 연봉을 통해 전체 시장을 관찰하는 습관을 들이자.

하락장 구간 체크리스트	
체크리스트	현재 상태 판단
1. 하이먼 민스키 심리 곡선 (주변 지인들의 반응 확인)	"매도하고 시장에서 빠져나와야 할까 봐." "이제는 주식투자 안 하려고." "내가 왜 스트레스 받아가며 이 고생을 했는지 모르겠어." "주식이라면 꼴도 보기 싫어. 다 처분하고 손 뗄 거야."
2. 고점 대비 하락률	고점 대비 하락률이 30%인 시기를 체크하자.
3. 코스피 연봉과 월봉	코스피 연봉 10일선, 삼성전자 60일선을 확인해보자.

tip.

국내 증시의 바닥을 찾았다면 이미 미국 증시는 상승장으로 돌아서고 있다는 뜻이다. 미국 주식에 투자하더라도 코스피 연봉 10일선과 삼성전자 월봉 60일선을 확인한다면 미국 증시 또한 저점을 찾아갈 수 있다.

공포 지수로
바닥 구간 확인하기

**투자에 있어서 손실과 수익은 분리할 수 없는 동전의 양면과 같고
투자자를 일생 동안 쫓아다닌다.**

앙드레 코스톨라니

2020년, 코로나19로 인해 미국에서조차 수만 명이 사망하며 인류 역사상 유례를 찾아볼 수 없을 정도의 공포를 자아냈다. 인류가 할 수 있는 조치는 국가와 국가의 길을 끊는 셧다운밖에 없었다. 백신 개발에 박차를 가하고 기존 의약품을 조합해 코로나19를 막으려 했지만 뾰족한 대책이 없었다. 주식시장 역시 처음 접한 코로나19의 불확실성에 당황할 수밖에 없었다.

주식시장은 불확실성을 가장 싫어한다. 예측 불가능한 악재가 발생했을 때 주식시장은 하락장에 접어든다. 그러나 불확실성이 해소되는 '재료'가 발생하면 상승장으로 전환하게 된다. 코로나19 위기 당시 세상은 불확실성으로 가득했다. 증시는 100년 역사상 최단 기간 가장 큰 폭락을 맞이했다. 수많은 주식 책을 바탕으로 데이터를 분석

주식투자는 사이클이다

VIX 지수	주식시장의 상황
15~20	안정적(버블 구간 확인)
30 이상	불안정(폭락 구간 확인)

해봤지만 단기간 이렇게 빠르게 하락한 것은 코로나19 위기 때가 유일했다. 다행히 미국이 금리를 인하하고 돈을 무제한으로 풀자 증시는 빠르게 상승하기 시작했다.

앞에서도 언급했듯 VIX 지수는 증시가 과열 구간과 폭락 구간에 들어섰을 때 살펴보는 지표다. VIX 지수는 증시가 버블 구간으로 진입할 때는 20 이하를 보이지만, 증시의 불확실성이 높아질수록 숫자가 치솟는다. 코로나19 당시 엄청난 불확실성으로 인해 77까지 치솟았고 증시는 단기간에 35% 폭락했다.

증시는 상승장이 50%라면 하락장이 50%다. 동전에도 양면이 존재하는 것처럼 상승했던 증시는 불안정한 상황을 만날 때마다 동전이 뒤집히듯 하락하게 된다. 불확실성을 기초로 한 공포 지수는 증시가 하락할 때마다 치솟는다. VIX 지수는 하락장에서 매우 귀중한 자료다. 하락장 끝자락에 발생하는 투매 현상이 일어날 때 VIX 지수가 가장 크게 상승한다. VIX 지수는 하락장 끝자락에서 두려움으로 매수를 망설일 때 꼭 봐야 하는 지표다. 준비가 되어 있는 사람에게는 공포는 충분한 기회로 작용할 것이다.

VIX 지수

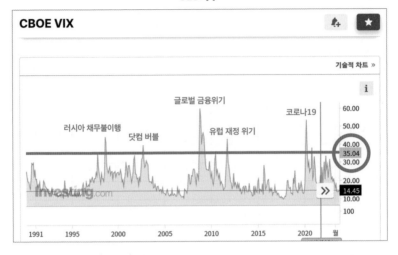

VIX 지수가 치솟았던 시기	VIX 지수
러시아 채무불이행(모라토리엄)	40
닷컴 버블	40
글로벌 금융위기	60
유럽 재정 위기	42
코로나19	77

출처: investing.com

VIX 지수를 살펴보면 규칙이 보인다. 폭락장이 발생하면서 VIX 지수가 30 이상일 때가 보통 증시의 바닥이었다. VIX 지수가 30 이상 치솟는다면 하락장에서 확인되는 지표를 동시에 확인하면서 분할 매수 타이밍을 찾아가야 한다.

주식투자는 사이클이다

우리는 완전한 바닥을 찾아낼 수 없다. 하지만 언젠가는 폭락으로 인한 공포는 멈추고 VIX 지수는 제자리를 찾아간다. 이는 증시가 다시 상승장으로 돌아섰다는 것을 의미한다. 역설적이게도 공포 지수를 통해 주식투자의 사이클을 읽어내고 여기서 주식을 매입할 힌트를 얻을 수 있다.

하락장 구간 체크리스트

체크리스트	현재 상태 판단
1. 하이먼 민스키 심리 곡선 (주변 지인들의 반응 확인)	"매도하고 시장에서 빠져나와야 할까 봐." "이제는 주식투자 안 하려고." "내가 왜 스트레스 받아가며 이 고생을 했는지 모르겠어." "주식이라면 꼴도 보기 싫어. 다 처분하고 손 뗄 거야."
2. 고점 대비 하락률	고점 대비 하락률이 30%인 시기를 체크하자.
3. 코스피 연봉과 월봉	코스피 연봉 10일선, 삼성전자 60일선을 확인해보자.
4. VIX 지수	VIX 지수가 30 이상인지 확인해보자.

달러와 엔으로
폭락 구간 확인하기

금융 시장은 항상 불확실하다.
당신에게 확신이 있다면, 그것은 위험 신호다.

조지 소로스

2000년대 초반까지 남대문 시장에는 환전을 해주는 소위 '달러 아줌마'들이 있었다. 달러 아줌마들은 역사적으로 달러가 일정한 범위에서 오르내리는 것을 알았기에 달러가 1,000원 이하로 내려가면 매입하고 달러가 1,300원 이상 오르면 환차익을 얻었다고 한다. 달러 아줌마들은 달러의 규칙을 알고 있었다. IMF 당시 달러 아줌마들이 떼돈을 벌었다는 소문이 돌았던 적이 있었다. IMF 시기 달러가 800원에서 2,000원까지 치솟았기 때문이다.

주식시장과 달러의 상관관계도 있다. 주식시장이 상승하면 달러는 하락하고 주식시장이 폭락하면 달러는 상승한다. 달러뿐 아니라 엔 또한 세계 준기축통화로서 경제 위기가 왔을 때 동반 상승하는 패턴을 보여왔다. 즉, 경제 위기가 발생하면 위험자산에서 안전자산으로

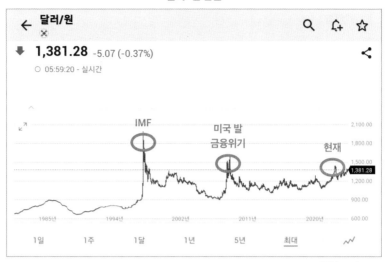

출처 investing.com

의 대이동이 펼쳐진다.

달러 아줌마의 투자 기법, 즉 주식시장과 반대로 움직이는 달러의 규칙을 이용하자. 우리는 주식시장이 폭락하는 시점에 달러와 엔 가격을 확인해 증시의 바닥을 찾아 나갈 수 있다.

달러와 엔으로만 하락장을 준비해 나가라는 것은 아니다. 앞서 설명한 네 가지 지표와 함께 달러와 엔이라는 안전자산을 통해 하락장을 준비해나갈 수 있다. 위의 그래프에서 첫 번째 표시된 부분이 신흥국 금융위기였던 IMF 시절이다. 두 번째 표시가 미국 발 금융위기 당시의 환율이다. 즉, 달러와 엔이 1,500원 가까이 오른다면 주식시장은 바닥일 가능성이 높다. 이를 이용한다면 시장이 공포에 사로잡혀 있을 때 달러와 엔의 가격을 살펴본 뒤 다음 상승장을 준비하면 된다.

엔-원 환율

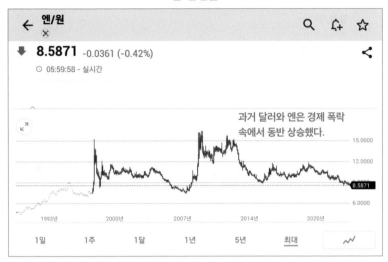

2008년 금융위기 이후 일본은 디플레이션을 맞으며 엔은 그 힘을 잃어갔다. 하지만 달러는 여전히 위치를 공고히 하고 있다. 코로나19 당시 달러는 1,400원 근처까지 상승했고 코스피는 3300선에서 2150선까지 밀려났다. 당시 달러의 고점과 코스피 저점을 동시에 확인했다면 분할 매수해야겠다는 판단을 할 수 있었을 것이다.

미국 발 금리 인상이 마무리되며 증시는 상승장으로 돌아섰지만 달러는 계속 강달러를 유지하고 있다. 반대로 엔은 저점을 갱신하고 있다. 이후 세계 증시가 하락하면 엔은 다시 상승할 가능성이 높다. 미국의 증시와 안전자산인 엔이 양 끝단으로 벌어지고 있다는 건 추후 버블이 터지고 양끝단의 방향이 반대로 바뀔 수 있다는 의미다.

하락장 구간 체크리스트

체크리스트	현재 상태 판단
1. 하이먼 민스키 심리 곡선 (주변 지인들의 반응 확인)	"매도하고 시장에서 빠져나와야 할까 봐." "이제는 주식투자 안 하려고." "내가 왜 스트레스 받아가며 이 고생을 했는지 모르겠어." "주식이라면 꼴도 보기 싫어. 다 처분하고 손 뗄 거야."
2. 고점 대비 하락률	고점 대비 하락률이 30%인 시기를 체크하자.
3. 코스피 연봉과 월봉	코스피 연봉 10일선, 삼성전자 60일선을 확인해보자.
4. VIX 지수	VIX 지수가 30 이상인지 확인해보자.
5. 달러와 엔	달러 가격이 1,300원에서 1,500원 사이에 형성됨. 엔 가격이 1,100원에서 1,500원 사이에 형성됨.

10분 만에 확인하는
하락장 구간 체크리스트

코스피라는 큰 배가 하락하면 개별 주식은 살아남지 못한다. 따라서 자신이 현재 버블 구간에 투자하고 있는지 폭락 구간에 투자하고 있는지를 분석할 줄 알아야 한다. 버블 구간에서 분석하는 지표와 폭락 구간에서 확인하는 지표는 미세하게 다르다. 오랫동안 투자를 하면서 얻어낸 상승장에서 하락을 준비하는 다섯 가지 지표, 반대로 폭락장에서 주식을 매입하고 다음 상승장을 준비하는 다섯 가지 지표라면 수많은 변수를 의미 있게 파악해낼 수 있다.

직장인들에게 단기 투자는 처음부터 성공 가능성이 없는 제로섬 게임이다. 노동을 통해 열심히 돈을 벌고 있는데 동료가 주식투자로 큰돈을 벌었다고 하면 배가 아프다. 그래서 나도 수익 좀 얻어보려고 버블 한가운데 들어가 투자하다 망하게 되는 것이다. 아마도 그 동료는 증시 사이클을 읽어내고 미리 상승장을 준비한 투자자일 것이다.

이제는 관점을 달리할 필요가 있다. 단기 투자에서 벗어나 전체 시장을 읽어내 수익을 극대화하는 방법을 찾아가야 한다. 매매를 최소화하고 버블 구간에서는 현금화를 하고, 하락장 끝자락에서 재매입해 추후 상승장에서 수익을 극대화해야 한다.

성공적으로 투자를 완수하기 위해서는 10분 투자 습관이 우선되어야 한다. 매일 상승장과 하락장을 구분하는 지표를 확인해보자. 10분 습관이 체화된다면 시간이 지날수록 시장을 보는 눈이 넓어진 것을 알 수 있다.

1. 인베스팅닷컴을 통해 VIX 지수와 환율을 확인해보고 현재 상승장인지 하락장인지 확인해본다.
2. 코스피 월봉과 연봉을 확인하고 고점 대비 지수가 30% 하락하는 시기인지 확인해본다.
3. 직장 동료나 지인들과의 대화를 통해 대중 심리를 읽어내는 연습을 해본다.

하락장 구간 체크리스트

체크리스트	현재 상태 판단
1. 하이먼 민스키 심리 곡선 (주변 지인들의 반응 확인)	"매도하고 시장에서 빠져나와야 할까 봐." "이제는 주식투자 안 하려고." "내가 왜 스트레스 받아가며 이 고생을 했는지 모르겠어." "주식이라면 꼴도 보기 싫어. 다 처분하고 손 뗄 거야."
2. 고점 대비 하락률	고점 대비 하락률이 30%인 시기를 체크하자.
3. 코스피 연봉과 월봉	코스피 연봉 10일선, 삼성전자 60일선을 확인해보자.
4. VIX 지수	VIX 지수가 30 이상인지 확인해보자.
5. 달러와 엔	달러 가격이 1,300원에서 1,500원 사이에 형성됨. 엔 가격이 1,100원에서 1,500원 사이에 형성됨.

나만의 하락장 구간 체크리스트

체크리스트	현재 상태 판단
1. 하이먼 민스키 심리 곡선 (주변 지인들의 반응 확인)	
2. 고점 대비 하락률	
3. 코스피 연봉과 월봉	
4. VIX 지수	
5. 달러와 엔	

주식투자는 사이클이다

5장

상승장과 하락장 양쪽에서
수익 내는 사이클 투자

상승장에도 하락장에도
수익 내는 사이클 투자 5단계

주식시장은 인내심이 없는 자로부터
인내심이 많은 자에게로 넘어가도록 설계되어 있다.

워런 버핏

이제 본격적으로 주식시장의 사이클을 읽어내고 나만의 사계절 투자법을 만드는 연습을 해보자. 나만의 사계절을 만드는 연습이 중요한 이유는 산 정상에서 전체를 내려다보듯 투자 구간을 나누고 현금 비중을 조절해 상승장과 하락장을 동시에 대비하기 위해서다. 상승장만 믿고 투자한다면 아무리 뛰어난 투자자라 하더라도 마지막에 모든 것을 잃는다. 예기치 못한 위기에서 내 돈을 지킬 방법은 구간별 현금 조절을 통해 양방향에 모두 대비하는 것이다. 지금부터 각 단계 구분을 통해 나만의 사계절을 만들고 시장에 대응하는 방법을 알아보자.

1단계: 봄

봄은 버블이 터지고 증시가 폭락한 시기다. 이때는 보유한 현금을 적극적으로 활용해야 한다. 사람들은 대부분 버블 구간에서 수익이 극대화된다고 생각하지만 반대로 증시가 폭락한 시기에 주식을 매입해야 자산을 크게 퀀텀 점프시킬 수 있다.

예를 들어보자. 한 주에 1만 원짜리 주식이 있다. 증시가 폭락하며 이 주식은 4,000원이 됐다. 이 4,000원짜리 주식을 봄 구간에 저렴하게 매집해뒀다면 증시가 상승세로 전환했을 때 1주당 4,000원에서 2만 원까지 5배 가까이 오를 수 있고 이때 1억 원의 원금을 투입했다면 수익은 4억 원이 될 수 있다. 반대로 겨울(버블) 구간에서 1만 원의 주식을 매입했다면 버블 구간에 운 좋게 2만 원이 되었다 하더라도 내 수익은 봄에서 투자한 수익과 큰 차이가 난다.

한 가지 전제가 있다. 1만 원에서 2만 원이 되는 시기에는 위험도 함께 존재한다. 만약 1만 원짜리 주식이 2만 원에 도달하기 전에 1만 2,000원에서 거품이 터져 다시 4,000원이 된다면 다음 사이클에 원금 회복을 위해 전전긍긍할 수밖에 없다.

그럼 이 구간을 어떻게 구별해낼까? 첫 번째, 고점 대비 30%의 하락률에 집중하자. 미국 발 금융위기 당시 고점 대비 50% 이상 하락했지만 최근 세 번의 하락장에서는 30% 선에서 하락장이 마무리되었다. 이때 '하락장 구간 체크리스트'에 언급된 지표를 함께 확인해봐야 한다. 두 번째, 하이먼 민스키 심리 곡선을 유의깊게 보자. 하락장 막바지에 더는 버틸 수 없다면서 주식을 매도하고 떠나는 투자자들이 있을 것이다. 뉴스에서는 대공황이 올 거라며 겁을 줄 것이다.

세 번째, 코스피 연봉 10일선과 삼성전자 60일선도 체크해보자. 코스피 연봉 10일선과 삼성전자 월봉 60선 근처에 도달해 있다면 다음 해에 코스피가 상승 전환할 것이라고 예상할 수 있으므로 하락 지점에서 주식을 매수할 용기를 낼 수 있다. 네 번째, VIX 지수가 30 이상 치솟아 있는지도 같이 확인해보자. 역사적으로 VIX 지수가 30 이상일 때 증시는 바닥이었다. 마지막으로 달러나 엔을 살펴보자. 만약 엔과 달러가 각각 1,100원에서 1,500원 사이, 1,300원에서 1,500원 사이에 도달해 있다면 위험자산이 불안하기 때문에 투자 자본이 안전자산으로 이동한 것이라고 보아도 된다.

왜 다섯 가지 지표를 골고루 살펴봐야 할까? 주식시장은 유기체처럼 연결되어 있으므로 한 가지 지표로는 정확한 투자 구간을 확신하기 힘들다. 하지만 다섯 가지 지표라면 봄의 구간에서 주식을 매입할지 여부를 객관적으로 판단할 수 있다. 하루 10분 만이라도 전체 시장을 읽는 연습을 한다면 분명 성공한 5%의 투자자에 들어갈 수 있다. 습관이 될 때까지는 하루 10분이라도 매일 확인하자. 성공할 수 있는지 여부는 당신의 선택에 달려 있다.

2단계: 여름

여름 단계는 하락장이 마무리되고 증시가 상승하지만, 재차 더블
딥이 올 것 같은 공포에 매수하기 힘든 시기다. 시장에서는 이중침체
가 올 것이라며 엄청난 공포를 선사한다. 나도 투자 기준이 없었을 때
는 봄 단계에서 매집하더라도 여름 시기에 더블딥의 공포로 인해 매
도한 적이 있다. 결국 당시 애플의 스마트폰 출시와 함께 역사상 최장
기 상승장을 맞이했지만 나는 가을 구간이 지나서야 투자를 시작할
수 있었다. 그만큼 단계 구분을 해나가지 못하면 온전한 판단을 하기
힘든 구간이 여름 단계다.

여름은 더블딥이 오느냐, 본격적으로 상승장으로 돌입하느냐의 싸
움이다. 워런 버핏은 이 시기에 어떠한 판단을 할까? 그는 '버티기'로
시장을 견뎌낸다. 더블딥이 올지 상승장으로 돌아설지는 아무도 판
단할 수 없기 때문이다. 이때는 내 매입 시기가 좋았다고 믿으면서 다

더블딥 예상도

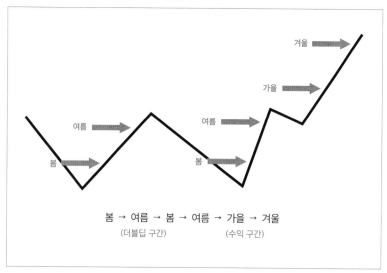

봄 → 여름 → 봄 → 여름 → 가을 → 겨울
(더블딥 구간)   (수익 구간)

음 가을과 겨울 구간이 올 때까지 기다려야 한다.

더블딥이 올 것으로 판단해 매도했지만, 반대로 증시가 대세 상승으로 진입하게 되면 증시에 뛰어들기 더 힘들어진다. 결국 여름 단계에서는 증시가 상승장에 진입한다는 믿음을 지니고 시장에서 한 발짝 떨어져 관망하는 것이 좋다. 저렴하게 매입한 주식을 지키는 게 포인트다.

3단계: 가을

대중의 의심을 타고 증시가 가장 많이 상승하는 구간이다. 그럼에도 더블딥 공포로 인해 선뜻 주식을 매입하기 힘든 시기기도 하다. 하락장에서 사람들에게 공포를 안겨준 재료들의 불씨가 살아 있기 때문이다. 하지만 이미 상승장으로 돌아선 증시는 패턴을 유지하며 빠르게 상승을 이어나간다.

가을은 사람들이 매입하지 못하는 시기이기도 하다. 상승할지 하락할지 누구 하나 시원하게 대답해주는 사람이 없기 때문이다. 미국 증시 기준으로 가을은 전고점 돌파 전후로 약간의 상승이 나오기까지의 시기다.

미국 증시는 역사적으로 우상향해왔다. 하락장이 마무리되고 상승장으로 돌아서면 여지없이 전고점을 돌파했다. 전고점 돌파 이전에 가장 큰 상승이 이루어지고 전고점을 돌파하고 난 다음에는 본격적으로 버블을 만들어낸다. 나는 가을 구간에서 50% 정도는 매도한다. 전고점 돌파 후 일정 부분 상승이 이루어지면 이제는 버블의 영역에 들어서기 때문이다.

버블의 영역은 도박과 같다. 계속 상승할 수도 있고, 다시 하락장으로 진입할 수도 있다. 이는 자연재해를 예측할 수 없는 이치와 같다. 만약 봄에 준비를 잘해서 가을까지 끌고 왔다면 이미 적지 않은 수익이 발생했을 것이다. 이후에는 절제의 영역이다. 50%는 매도하고 50%만 가지고 투자를 이어나간다. 이때 절대로 수익화한 현금을 가

주식투자는 사이클이다

을과 겨울 구간에 끌고 들어오지 않아야 한다. 철저히 분리해야 한다. 돌발 변수가 발생하더라도 손실은 50% 선에서만 견뎌내야 한다. 그래야 또 다른 기회가 나에게 주어진다.

4단계: 겨울

증시가 과열 구간에 접어들어 대중이 버블에 취해 있는 시기다. 겨울은 역설적으로 가장 뜨겁게 달아오르는 구간이다. 하지만 뜨겁게 달아오른 열기가 식기 직전이기도 하다. 겨울 단계에서는 자산의 70%에서 최대 80%까지 현금화한다. 이 구간에서 모두 현금화하고 쉬는 건 정말 쉽지 않다. 그래서 30% 정도는 버블을 즐기고 나머지로 다음을 준비해야 한다. 버블 구간에서 문제가 발생할 징조가 보인다면 도마뱀이 꼬리를 끊고 도망가듯 빠져나갈 준비를 해야 한다. 반드시 상승장이 끝나면 하락장이 시작된다.

여태까지 투자에 실패한 사람들에게는 두 가지 특징이 있다. 첫 번째, 테마주나 급등 주식에 투자하다 시장에서 참패한 경우다. 두 번째, 버블 한가운데 모든 자산을 투입해 하락장이 진행돼도 빠져나오지 못하고 참패하는 경우다. 따라서 이전에는 감으로 투자했다면 이제부터는 데이터를 모으고 현실에 적용하자. 어떠한 위기 상황이 고점에서 버블을 터트릴지 그 누구도 모른다. 하지만 무조건 버블은 터진다.

겨울에 들어서면 우선 두 가지 지표를 확인해야 한다. 우선 미국 증시의 전고점 돌파 여부다. 가을에는 전고점을 돌파하고 약간의 상승이 추가로 이루어진다. 겨울의 추가 상승은 예측 불가능한 영역이다. 닷컴 버블이나 AI 버블 같은 큰 거품이 발생한다면 더 큰 상승이 이루어질 수도 있다. 하지만 미국에 경기 침체가 다가온다면 하락장이 시작될 수도 있다. 워런 버핏 또한 예측할 수 없는 구간은 미리 현금화를 해둔 뒤 최소한의 금액으로 투자를 이어나간다.

겨울 구간에는 원칙을 만들어야 한다. 전고점 돌파 후 본격적으로 불이 붙기 시작하면 대마, 즉 2024년의 엔비디아를 살펴보자. 이미 이전 주기의 테슬라는 바닥에서 1,000% 상승한 이후 하락장으로 돌입했다. 사람들은 테슬라가 더 상승하리라고 믿고 싶어하지만 시가총액이 큰 주식은 추가로 올라갈 여력이 없을 가능성이 높다.

엔비디아의 미래는 어떨까? 2024년 가을 엔비디아 역시 바닥에서 1,000% 이상 상승했다. 증시도 전고점을 돌파하며 버블 구간에 돌입한 듯 보인다. 만약 이 두 가지 징후로도 판단하기 어렵다면 버핏 지수도 함께 살펴보자. 현재 버핏 지수는 200% 근처에 도달해 있다. VIX 지수와 달러와 엔도 살펴보자. 위험자산이 버블 구간에 도달하면 반대로 안전자산과 공포 지수는 역사적 저점에 도달해 있을 가능성이 높다. 현재 엔은 920원에 도달해 있고 VIX 지수 또한 저점인 17에 도달해 있다.

자산은 계속해서 우상향하지 않는다. 반대로 확인하는 지표가 역사적 저점에 있다는 건 이후 자산의 성질이 바뀔 수 있다는 것을 의미한다. 자산의 성질이 바뀐다는 건 돈의 흐름이 위험자산에서 안전자

주식투자는 사이클이다

나스닥 차트로 사계절 구분하기

차트	시간대별	일별

종가 단순 5 10 20 60 120
월

최고 18,671.07(-2.08%,2024/07)

겨울

18,283.41
3.11%

전고점 돌파 지점

가을

14,900.86

여름

11,130.66

봄

7,360.45

최저 6,190.17(195.36%,2018/12)

3,590.25

2019/07　　　　2021/03　　　　2022/11　　　24/07

출처: 키움증권 HTS

산으로 이동한다는 뜻이다. 겨울 구간에서는 과열 지표와 안전 지표를 동시에 비교해 현금 비중을 조절해야 한다. 현금화한 시드머니는 다시 봄의 단계에 도달했을 때 나를 부자로 만들어줄 준비 자금이 되어줄 것이다.

- **봄**: 고점 대비 30% 하락하는 시기이므로, 하락장에서 살펴보는 지표를 함께 확인한다.
- **여름**: 더블딥 발생 여부를 확인(매입한 주식을 끌고 가는 시기)한다.
- **가을**: 증시가 가장 크게 상승하는 구간이므로 전고점 돌파 전후로 상승 지점을 확인한다.
- **겨울**: 전고점 돌파 시기이므로 대마 상승 확인 후 버블 지표를 확인한다.

공교롭게 2024년 9월의 증시는 모든 지표가 버블을 가리켰다.

체크리스트	현재 상태 판단
1. 전고점 돌파 여부(미국 증시 기준)	겨울(버블 구간)
2. 대장주(대마)로 버블 구간 확인	겨울(버블 구간)
3. 버핏 지수로 버블 구간 확인	겨울(버블 구간)
4. VIX 지수로 버블 구간 확인	겨울(버블 구간, 매우 안정적)
5. 달러와 엔으로 버블 구간 확인	겨울(버블 구간, 역사적 저점)

5단계: 다시 봄

처음부터 다시 시작하는 시기다. 주식시장의 한 사이클을 이겨냈다면 아마도 5% 확률로 살아남은 투자자일 것이다. 그만큼 한 사이클을 이겨내기가 쉽지 않다. 하지만 지금까지 공부해온 사계절 투자법을 통해 상승장과 하락장에 모두 대비한다면 승산은 있다. 투자 인생에서 다섯 번의 사이클을 이겨낸다면 당신은 부자가 되어 있을 것이다.

조급해하지 말자. 가장 크게 오르는 시기는 봄에서 가을로 넘어가는 구간이다. 우리가 투자해야 할 구간은 봄이다. 사계절을 이겨내고 다시 겨울에 확보한 시드머니를 봄의 단계에 재매수했다면 한 사이클을 내 힘으로 온전히 이겨냈다고 볼 수 있다. 이때 당신의 자산은 충분히 늘어나 있을 것이다. 같은 방식으로 두 번째 사이클을 이겨낸 다면 부의 길로 들어섰다는 것을 스스로도 알 수 있을 것이다. 결국, '봄 → 여름 → 가을 → 겨울 → 다시 봄'의 단계에 이르는 사이클을 온전히 지켜내고 수익을 냈을 때 진정한 사계절 투자 방정식이 완성된다.

위기를 기회로 바꾸는
나만의 사계절 투자 응용편

투자 기업에 대해 공부하지 않고 투자하는 것은
포커를 칠 때 카드를 보지 않고 베팅하는 것과 같다.

피터 린치

사계절 투자법을 실전에 어떻게 응용할 것인지 각자의 포지션과 연결해보자.

1. 사계절 투자법을 미국 증시 기준으로 체계화시켜보자.

2. 단계별로 현금 비중 조절과 헤지 전략을 짜보자.

3. 사계절 중 현재 어느 구간에 도달해 있는지 확인해보자.

4. 이를 현재 자신이 투자하는 포지션과 함께 분석해보자.

나스닥으로 보는 구간별 증시 확인

출처: 키움증권 HTS

국내 증시로 보는 구간별 증시 확인(하이닉스)

출처: 키움증권 HTS

미국 증시에 대입한 봄 → 여름 → 가을 → 겨울이다.

국내 주식 중에서 AI 최대 수혜주인 하이닉스를 사계절 투자법과 연결해보자. 또한 하이닉스에 투자하더라도 미국 증시와 대마를 꼭 확인해봐야 한다. 앞서 나스닥 차트를 통해 전고점 돌파 전후가 버블 구간 초입인 가을 구간이라고 보았다.

따라서 전고점 돌파 전후로 50% 현금화하는 게 좋다. 앞서 이야기한 대로 차트에서는 버블 구간에서의 징후가 모두 보인다. 주식은 하락하고 있다. 그렇다면 여기서는 어떠한 선택을 해야 할까?

1. 수익권인 투자자

조금 늦었지만 반등이 일어나는 시점에서 분할 매도한 뒤 포지션을 변경할 필요가 있다. 하락장이 본격적으로 시작된다면 지금까지 번 수익을 모두 시장에 반납해야 할 수도 있으므로 헤지 전략을 고려해본다.

2. 손실을 보고 있는 투자자

수익의 달콤함도 잠깐이다. 본격적으로 하락장에 돌입하면 큰 손실로 연결될 수 있다. 만약 현재 손실 구간에 들어섰다 하더라도 본격적으로 하락장이 진행된다면 손실은 2배 이상 발생할 수 있다. 미련이 남아 있다면 다음 기회는 찾아오지 않을 수 있다. 다시금 내 위치를 객관화해보고 다음 사이클을 준비해야 한다. 늦었다고 생각할 때가 가장 빠를 때이다.

　　　　　　　　　주식투자는 사이클이다

3. 포지션이 없는 투자자

만약 현금을 들고 있다면 하락 사이클이 끝나는 시점을 노려봐야 한다. 상승장을 준비하는 다섯 가지 지표를 분석하며 시장을 관찰할 필요가 있다. 조급해하지 않는 것도 중요하다. 이미 이번 사이클에서 상승장은 1년 8개월 정도 진행되었다. 3년을 사이클로 본다면 하락장이 시작되면 1년 남짓 진행되기 때문에 기다리며 데이터를 분석하는 자세가 필요하다.

국내 증시로 보는 사계절 투자법

한때 국내 증시에서 가장 뜨거웠던 에코프로의 사례를 통해 사계절 투자법을 확인해보자. 상승 사이클이 진행되는 동안 대부분의 투자자들이 에코프로를 한 번씩은 매수해봤을 것이다. 또한 많은 투자자가 손실 구간에서도 이를 보유하고 있을 것이다. 이러한 주식이 대응하기 가장 어렵다. 증시와 반대로 이미 사계절 순환 패턴이 이루어졌기 때문이다. 그럼에도 이미 하락장에 접어든 주식 차트를 분석해보는 것도 투자 성장에 도움이 된다. 하이닉스처럼 미국 증시의 상승 사이클과 비슷하게 흘러갈 수도 있고 에코프로처럼 자체적으로 사계절을 형성한 후 버블이 터져 하락 사이클에 돌입한 주식 또한 분명 있을 수 있다.

미국 발 금리 인상으로 인한 하락장이 끝나는 시점은 2022년 12월

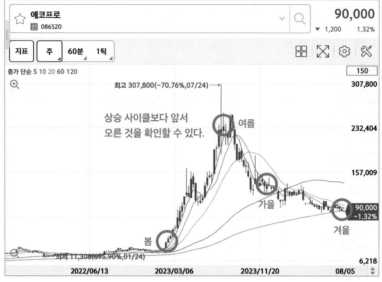

국내 증시로 보는 구간별 확인(에코프로)

| 에코프로 | | | | | | 90,000 |
| 086520 | | | | | | ▼ 1,200   1.32% |

지표 | 주 | 60분 | 1틱

종가 단순 5 10 20 60 120 | 150

최고 307,800(-70.76%,07/24) → | 307,800

상승 사이클보다 앞서
오른 것을 확인할 수 있다. | 여름 | 232,404

| 157,009

가을

90,000
-1.32%

겨울

봄

최저 11,308(695.90%,01/24) | 6,218

2022/06/13 | 2023/03/06 | 2023/11/20 | 08/05

출처: 키움증권 HTS

각각 미국 증시에 대입한 봄 → 여름 → 가을 → 겨울이다.

이었다. 당시 에코프로는 2만 원대였다. 상승 사이클이 들어서는 시점, 즉 미국 증시가 여름 단계일 때 에코프로는 주당 30만 원으로 바닥에서 15배가량 오른 상태였다. 또한 에코프로는 전고점을 연신 돌파하면서 피뢰침 현상도 보였다. 미국 증시와 연결해도 이른 시점에 버블이 발생했다. 에코프로가 급등하는 상황에서 오히려 추가로 매수했다면 대부분 투자자는 손실을 보았을 것이다. 결국 에코프로는 고점에서 70%까지 하락했다.

1. 20% 내외의 손실 투자자

2024년 여름, 버블 구간에 진입한 후 하락하기 시작했다. 다음 주기에 이전 고점까지 도달할지는 아무도 모른다. 하지만 한 가지 확실한 것은 2024년 여름에 주식을 매수했다면 너무 안 좋은 타이밍이었다는 것이다. 만약 손실이 20% 내외라면 손절매 처리하고 다음 사이클을 노려보는 게 낫다. 하락장이 본격적으로 시작되면 추가 하락 가능성이 높다. 다음 주기에 이전 고점을 돌파하리라는 보장도 없다. 20% 정도의 손해는 복구할 수 있지만, 추가로 더 하락한다면 원금만이라도 복구하고자 하는 마음만 남아 시장에 끌려다닐 수밖에 없다.

2. 30% 이상의 손실 투자자

30% 이상의 손실이 발생했다면 아쉽지만 손절매하기는 너무 뼈아픈 구간에 들어섰다. 손실 처리하기에는 너무 늦었다. 다음 주기를 한 번 더 확인해봐야 한다. 희망의 끈을 놓지 않고 다시금 배터리 분야가 오르기를 바라는 수밖에 없다.

또한 이 시점에서는 추가로 매수하지 않아야 한다. 오히려 악착같이 현금을 모아놓고 나머지 자금으로 다음 상승 사이클을 준비해야 한다. 처음부터 다시 시작한다는 마음가짐으로 투자해야 한다. 투자 자금을 분리하고 사계절 투자법을 기초부터 다시 살피자. 포기하지 않고 오히려 한 발 더 내디뎌 기초를 튼튼히 해야 한다.

사이클 투자를 이용한
텐버거 종목 발굴 비법

피터 린치는 인생에 세 번만 10루타 종목(10배 상승하는 주식)을 발굴한다면 누구나 부자가 될 수 있다고 이야기했다. 투자자들에게 텐버거 종목 발굴은 꿈의 영역이다. 내가 발굴한 주식이 10배 상승하는 동안 매도하지 않고 보유하기조차 쉽지 않을뿐더러 열 배 상승할 만한 주식을 발굴하기도 어렵기 때문이다.

하지만 확률을 높인다면 어떨까? 매번 텐버거 종목을 발굴할 수는 없지만 투자 인생에 세 번만 텐버거 종목을 만나는 방법이 있다면 생각만 해도 기쁘지 않을까? 사이클을 이용한다면 충분히 텐버거 주식의 발굴 확률을 높일 수 있다.

우선 텐버거의 원리를 이해해야 한다. 원리를 이해하지 못한다면 텐버거 종목을 발굴한다 하더라도 상승 초입에 매도하거나 처음부터

10배 상승 종목을 발굴할 수 없는 구간에 뛰어들 수 있기 때문이다. 텐버거 종목의 발굴 확률을 높이기 위해서는 주식시장의 사계절 투자를 적용해야 한다. 텐버거 종목은 버블 구간에 나오지 않는다. 오히려 주식이 폭락했을 때 10배 상승 종목이 탄생한다.

첫 번째, 텐버거 종목이 탄생하기 위해서는 주식이 평가가치 이하로 떨어져야 한다. 예를 들어 한 주당 1만 원짜리 주식이 있다고 가정해보자. 이 1만 원 주식이 상승장에 3만 원까지 상승했다. 1만 원에 산 투자자는 3만 원이라는 고점에 매도했다. 1억 원을 투자했다면 원금은 3억 원이 되었을 것이다. 나쁜 성과는 아니다. 하지만 텐버거를 발굴하기 위해서는 기업의 가치가 평가가치 밑으로 떨어졌을 때 매입해야 한다.

1만 원에 형성된 이 주식이 경제 위기로 인해 3,000원까지 하락했다고 가정해보자. 이후 증시가 상승장으로 돌아서자 주식은 3만 원까지 상승하게 된다. 사이클을 읽어낸 뒤 현금을 들고 준비했던 투자자는 3,000원에 사서 3만 원에 매도할 수 있었을 것이다. 텐버거 종목을 발굴해 매도까지 하며 수익화에 성공한 것이다. 이처럼 텐버거 종목을 만나기 위해서는 주식 가치가 절대적으로 저렴해져야 한다. 기회는 폭락장으로 인해 투매가 발생하는 하락장의 끝자락에서 탄생한다.

두 번째, 텐버거 종목을 매수했다 해도 이 종목이 텐버거로 발전할지 여부를 처음에는 알 수 없다. 시장의 선택이 있어야 한다. 코로나19 전, 나는 다음 상승장에 전기자동차 시대가 도래할 것으로 예측하고 전기자동차 관련주를 관심 있게 지켜보았다. 당시 선정해놓은 종

주식투자는 사이클이다

목은 에코프로, 에코프로비엠, 엘엔에프였다. 텐버거 종목이 나오기 위한 조건은 시장의 간택이 필수다. 운과도 직결된다. 그래서 텐버거 종목은 확률을 높여야 만날 수 있다. 만약 하락장에서 종목을 발굴했는데 상승 초입부터 시장을 끌고 가는 섹터로 분류되었다면 승부수를 띄워봐도 좋다. 물론 세 주식 모두 텐버거 종목이 되었다.

세 번째, 앞의 두 조건을 충족했다면 봄에 매집한 주식을 겨울 구간까지 끌고 가야 한다. 텐버거 종목을 발굴했다 하더라도 2배 이상 수익이 나면 팔고 싶어지는 게 사람 심리다. 이미 훌륭한 성과를 거뒀기 때문이다. 하지만 텐버거 종목은 시장을 끌고 가는 섹터로 분류되면서 버블 구간으로 갈수록 더 크게 상승한다. 3,000원에 매수한 투자자는 뒤늦게 1만 원에 투자한 투자자와는 수익률에서 차이가 날 수밖에 없다. 1만 원에서 3만 원까지 오르는 구간에서 3,000원에 산 투자자는 7배 수익이 발생하기 때문이다. 평균 단가가 낮으므로 뒤로 갈수록 저가에 매입한 투자자에게는 더 큰 수익이 날 것이다. 앞의 조건들이 충족되었다면 초입에 팔기보다는 사이클 투자에 맞춰 겨울 구간까지 끌고 갈 필요가 있다.

대표적으로 2024년 증시의 대장인 엔비디아로 텐버거 가능성을 살펴보자. 물론 대장주에만 텐버거가 발생하는 것은 아니다.

1. 텐버거 종목은 폭락장에서 발생한다(주식시장의 사이클에서 봄).
2. 하락장에서 상승장으로 전환할 때 시장을 끌고 가는 섹터로 분류된다.
3. 텐버거 종목이 가장 크게 상승하는 시기는 가을과 겨울 구간이다.

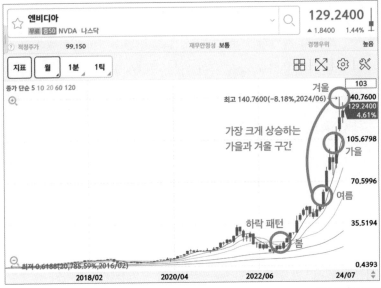

엔비디아로 관찰하는 텐버거 현상

☆ 엔비디아			129.2400
루트 종50 NVDA 나스닥			▲ 1.8400 1.44%
⑦ 적정주가 99.150	재무안정성 **보통**	경쟁우위 **높음**	

지표	월	1분	1틱		⊞ ⟷ ⚙ ✕

종가 단순 5 10 20 60 120

겨울 `103`

최고 140.7600(-8.18%,2024/06) → **40.7600**
129.2400
4.61%

가장 크게 상승하는
가을과 겨울 구간

105.6798
가을

70.5996
여름

하락 패턴

35.5194

봄

0.4393

최저 0.6188(20,785.59%,2016/02)

2018/02	2020/04	2022/06	24/07

출처: 키움증권 HTS

　위의 차트에서 표시된 지점을 나스닥 차트와 비교해보면 '봄 → 여름 → 가을 → 겨울' 순이다. 결국 텐버거 종목은 증시가 폭락하는 구간, 즉 밸류에이션이 저렴할 때 매수해야 성공 가능성이 높아진다. 이후 시장을 끌고 가는 섹터로 분류되었을 때 텐버거가 될 가능성은 좀 더 올라간다. 만약 사이클을 읽어내는 투자에 성공해 두 조건을 충족시켰다면 이제는 승부수를 던져봐야 한다. 하락장을 준비하는 다섯 가지 지표를 함께 확인하며 매수한 주식을 끌고 가야 한다. 이때 수익이 발생하더라도 더 크게 상승할 수 있다는 믿음으로 가을에서 겨울 구간까지 끌고 가보자. 버블 구간에 갈수록 내 수익은 걷잡을 수 없이

　　　　　　　　　　　　　주식투자는 사이클이다

극대화된다.

그렇다면 두 번의 사이클을 이겨내고 1억 원의 자산이 3억 원으로 불어났다고 가정하자. 봄 단계에서 세 종목을 선정해 1억 원씩 나누어 매수해보자. 이후 상승 사이클을 타고 한 종목에서 텐버거가 나온다면 내 자산은 13억 원 이상이 될 것이다.

평생에 걸쳐 꾸준히 공부해나간다는 자세가 중요하다. 기회는 준비된 자에게 주어진다.

> **tip.**
> 2장 '미래를 예측하는 네 가지 질문'을 함께 살펴보자.

사이클과 연결된 미래 기회는 기술주에서 탄생한다

최적의 매수 타이밍은 시장에 피가 낭자할 때다.
그것이 당신의 것일지라도.

존 템플턴

　1995년부터 2001년도까지 인터넷 기업이 폭발적으로 성장하며 대규모 투자가 이루어졌다. 당시 회사명에 닷컴(.com)만 붙으면 주가는 묻지도 따지지도 않고 급등했다. 1990년대 말 인터넷이 대중화되면서 관련 기업들이 우후죽순 설립되었으며 실적 기대와 함께 기술 혁신이 꽃피는 시절이었다. 하지만 너무 빨리 미래의 기대감을 끌어다 주가에 반영했기에 인터넷 혁명의 온기가 실적으로 연결되기 전에 급격하게 오른 주가는 폭락을 맞이하고 말았다.

　닷컴 버블 당시 증시는 고점 대비 70% 이상 하락했다. 당시 닷컴 버블의 고점은 이후 애플의 스마트폰 시대에 접어들어서야 뛰어넘게 됐다. 스마트폰 시대와 연결되면서 마침내 기업의 성장과 실적이 동시에 이루어지는 시대로 변모하게 되었다.

과거 미국 증시는 다우지수와 전통적 우량주 산업을 기반으로 상승했다. 코카콜라, 나이키, 맥도널드 등은 지금도 시장 점유율이 높은 기업군이다. 하지만 기술주 시대가 도래하면서 변화의 움직임이 감지되고 있다. 전통적 우량주 산업은 높은 성장 가능성을 기대하기 힘들어졌다. 점유율은 높아도 매출이나 영업 이익률에서 한계에 부딪혔다. 인플레이션에 발맞춰 물가가 오를 때만 주식이 오르는 현상만 반복되었다.

앞으로는 기술주 위주의 시장으로 바뀔 것이다. 나스닥이 다우지수를 넘어서는 날이 머지않았음을 직감할 수 있다. 나스닥 기술주에는 테슬라와 엔비디아를 필두로 애플, 마이크로소프트 등이 포진해 있다. 결국 2024년 6월, 나스닥이 급등하자 시가총액이 3조 달러 넘는 회사가 세 곳 탄생했다. 애플, 마이크로소프트, 엔비디아다. 앞으로도 기술주 중심으로 시장은 강하게 상승할 것으로 예측된다.

과거 국내 부동산이 하락할 당시, 100억 원대 아파트가 탄생하리라고는 꿈도 꾸지 못했다. 하지만 자산 가격이 상승하고 인플레이션이 심화되며 이제는 심심치 않게 100억 원대 아파트가 나오고 있다. 나스닥 역시 미국을 대표해 증시를 끌고 갈 가능성이 높다. 다우지수는 이제 한계에 다다랐다. 그럼에도 나스닥이 버블 구간에 들어서면 닷컴 버블을 떠올리는 전문가들이 많다. 이들은 나스닥이 상승하면, 예전 닷컴 버블 때처럼 70% 가까이 하락할 수 있다고 이야기한다.

매그니피센트 세븐(M7, 미국의 빅테크 기업 7곳을 지칭하는 용어)으로 대표되는 나스닥 기술주 중심의 실적을 살펴보면 버블 징후는 있지만, 실적이 뒷받침되지 않는 건 아니다. 이제는 오히려 혁신 기술을 바탕으로 한 생태계가 형성되었다. AI 기술로 인해 더 높은 사양의 반도체가 필요해졌다. AI 기술은 다시 다양한 산업군들과 연결돼 또 다른 시장을 탄생시켰다. 엔터테인먼트, 미디어 산업, 자동차, 가전, 의료, 로봇 등 AI와 연결되지 않는 생태계가 없다.

돈이 돈을 벌어다 주는 구조는 더욱더 기술주 중심으로 형성될 것이다. AR글래스와 메타버스로 연결된 가상현실 시대가 또 다른 버블을 예고할지도 모른다. 자율주행은 사람들의 손을 자유롭게 해 운전 중에도 시간의 자유를 선사할 것이다. 생산적 측면에서 로봇 관련 섹터는 더 크게 확장될 수 있다. 이처럼 미래에는 지금의 기술뿐만 아니라 미래를 선도하는 기술들이 포진해 있으며, 우주 항공 기술을 바탕으로 달이나 화성으로 여행하는 것과 같은 비약적 발전이 도래할지도 모른다.

주식시장이 상승 사이클과 하락 사이클을 반복하는 가운데 혁신적 기술 또한 주식시장의 사이클에 발맞춰 탄생하고 있다. 이를 예측하는 습관과 공부가 선행된다면 하락장에서 미래를 선도하는 기업에 미리 투자하는 눈을 키울 수 있다.

시대의 패러다임이 바뀌는 기술은 폭락장에서 탄생한다

미래를 선도하는 기술은 버블 구간에 선보이지 않는다. 버블 구간에서 기술을 선보이면 하락장이 발생했을 때 기술에 관한 관심이 급속도로 식어가기 때문이다. 그러므로 혁신적 기술은 증시가 폭락하고 다시 상승장으로 들어섰을 때 시장에 선보인다. 그래야 돈의 흐름을 기업에서 흡수할 수 있다.

미래의 기술을 선점하기 위해서는 겨울(버블)에 현금화나 헤지 전략을 취한 후 한 박자 빠르게 미래 기술을 발굴할 준비를 해야 한다. 주식시장의 봄(폭락)부터 증시를 예의 주시하며 새로운 기술을 알리는 뉴스나 신호를 관찰해야 한다. 폭락장 초입에는 새로운 패러다임을 예고하는 기술을 선보여도 반신반의할 수밖에 없다. 대중이 모두 의심할 때 미래 기술에 관한 공부가 되어 있다면 이번에 탄생한 기술이 시장을 끌고 가리라는 것을 예측해 투자할 수 있다.

1. 시장은 기술주 중심으로 상승한다.
2. 시장을 끌고 가는 혁신 기술은 하락장에서 탄생한다.
3. 버블 구간에서 미래 기술을 미리 관찰해야 한다.
4. AR글래스, 메타버스, 자율주행, 로봇, 우주 항공, 양자컴퓨터 등 키워드를 뽑아본다.
5. 키워드를 중심으로 관련 주식과 연결해 틈틈이 공부해 나간다.
6. 사계절 사이클과 연결해 투자해본다.

하락장에서 안전하게 수익을
극대화하는 스위칭 전략

사이클 투자는 상승 사이클에 올라타야 수익이 극대화된다. 따라서 버블 구간(겨울)에서 현금 비중을 늘렸다가 폭락 구간(봄)에 주식을 매입하는 용기가 필요하다. 하락 사이클에서도 발생한 수익을 다시 봄의 구간에 재투자한다면 상승장과 하락장 양쪽에서 수익을 극대화할 수 있다.

하락장에 진입하기 전에 주식을 매도한 뒤 현금을 들고 있다면 엄청난 성공이다. 대부분은 하락장에서 빠져나오지 못하기 때문이다. 하락장에서 수익 내는 방법까지 있다면 금상첨화다.

2024년 9월, 주식시장은 버블 구간을 가리키고 있다. 대표적 위험자산인 주식이 폭락하게 되면 돈의 흐름이 안전자산으로 몰린다. 위험자산을 매도하고 안전자산에 투자해 수익을 올리는 것을 헤지 투

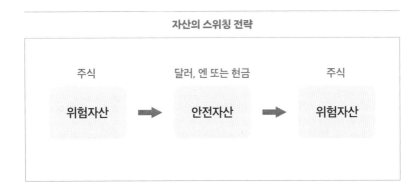

자산의 스위칭 전략

주식	달러, 엔 또는 현금	주식
위험자산	안전자산	위험자산

자라고 한다. 헤지는 위험자산의 손실을 방어하는 투자법이다. 매번 위험자산에만 투자한다면 언젠가는 손실을 볼 수밖에 없다. 헤지 수단의 투자 규칙을 잘 이용한다면 하락장에서도 이익을 거둘 수 있다.

하락장과 상승장을 구분할 때 환율은 매우 중요한 지표로 쓰인다. 위험자산인 주식과 반대로 움직이기 때문이다. 과거에도 세계 증시에 문제가 발생하면 달러와 엔은 안전자산의 역할을 톡톡히 했다. 하락장이 도래했을 때 현금만 가지고 있어도 성공이지만 영민한 투자자들은 위험자산을 안전자산으로 스위칭하며 하락장에서도 수익을 냈다.

하락장에서 20% 수익이 발생한다면 더할 나위 없이 훌륭하다. 버블 구간에 들어섰다고 판단된다면 위험자산에서 안전자산으로 자산을 재분배하고 다시 봄의 구간에 위험자산을 팔아 주식을 재매입하는 전략을 취해볼 수 있다. 주식시장과 반대로 움직이는 규칙을 사계절 투자와 연결해 적용해보자.

- **봄, 여름**: 봄에 매집한 주식을 100% 끌고 가는 단계기 때문에 헤지 전략을 사용하지 않는다. 안전자산인 달러와 엔 가격 추이를 주기적으로 살펴본다.
- **가을**: 수익의 50%를 현금화하는 단계다. 전고점 돌파 전후로 주식을 매매해 현금을 확보한다. 이때도 달러와 엔 가격을 살펴보자. 만약 자신이 원하는 가격에 근접해 있다면 자산을 10분할해 분할 매수에 들어간다. 만약 원하는 가격에 도달하지 않았다면 현금 보유 전략을 유지한다.
- **겨울**: 버블 구간에 진입해 있다면 달러와 엔 가격은 낮게 형성되어 있을 가능성이 높다. 70% 이상을 현금화한 후 달러와 엔으로 옮기는 스위칭 전략을 고려해보자. 주식은 버블 구간에 들어서면 더욱더 상승하고 안전자산은 저점으로 나아가면서 위험자산과 안전자산의 양끝단은 벌어질 가능성이 높다. 이 시기에도 분할 매수를 통해 안전자산에 재배치해야 한다. 코로나19 당시에도 달러는 1,080원에서 1,400원으로 상승했다. 성질이 다른 자산이 양끝단으로 벌어지고 있다는 건 과열구간에 진입했다는 증거다. 안전자산인 환율에 투자하는 이유는 예측 가능한 범위에서 움직이기 때문이다. 상승 사이클에 올라타 수익을 극대화했지만 헤지 전략을 잘못 펼쳐 손실이 발생한다면 앞서 번 수익이 의미가 없어진다. 그러므로 안전한 투자처인 환율에도 관심을 두고 하락장의 수익 목표는 20%로 설정한 뒤 시장에 대응해보자.

주식투자는 사이클이다

가을과 겨울 단계에서 봄 단계를 미리 준비하는 과정

가을: 현금 50% → 달러, 엔 가격 확인 후 원하는 가격일 때 비중 이동

겨울: 현금 70% → 달러, 엔 가격 확인 후 원하는 가격일 때 비중 이동

상승 사이클에 개별 주식으로 수익을 극대화했다면 버블 구간에서는 스위칭 전략을 통해 안전자산으로 자산을 재분배해보자. 다시 봄의 단계에 투자하기 위해서는 하락장을 준비하는 다섯 가지 지표를 동시에 확인해봐야 한다. 증시가 바닥을 가리키고 있다면 안전자산을 분할 매도해 순차적으로 현금을 확보한 후 봄의 구간에서 재매수할 준비를 해둬야 한다.

현재 나 역시 사계절 투자를 활용해 안전하게 매년 복리수익을 만들어내고 있다. 현재 나는 위험자산의 비중을 안전자산으로 이동시켰으며, 단기 자금 15%만으로 주식시장에 투자하고 있다. 버블 구간에서 쉬는 건 어렵다. 힘들지만 원칙을 지켜나가는 투자를 할 때 큰 기회는 항상 열려 있다.

> **tip.**
> 만약 안전자산이 원하는 가격에 도달해 있지 않다면 현금 보유 전략을 취하자.

사이클을 이용한
433 투자 법칙

수년간 투자해오면서 깨달은 바, 가장 효율적인 투자법은 433 투자였다. 이는 봄 단계에서 세 종목의 주식을 매수하는 방법을 말한다. 보유 종목이 셋 이상이라면 시장 상황에 대응하기 힘들고 개별 투자하는 주식에 대한 관심도가 떨어지기 때문에 투자에 온전히 집중할 수 없다. 또한 증시에 악재가 발생했을 때 온전한 판단을 하기 힘들다. 너무 많은 종목에서 수익과 손실이 반복되기 때문에 어느 시점에 매수하거나 매도해야 할지 판단이 서지 않는다.

지인 중에 50개 이상의 종목에 투자하는 사람도 있었다. 매번 종목을 줄여야 한다고 조언하지만 정작 본인은 종목을 줄이기 어렵다고 고백했다. 손실과 수익이 교차해 있으므로 어느 것을 정리해야 할지 자신도 모르기 때문이다. 그의 가장 큰 문제는 하락장에서 한 번도 빠저나온 적이 없다는 것이었다. 하락장이 와도 시장 상황에 맞춰 매도할 수 없었다.

보유 종목이 다양하다는 의미는 투자 주관이 없다는 것이나 다름없다. 이런 투자자는 주변 잡음에 흔들리는 투자를 하고 있을 가능성이 높다. 자신의 주관이 빠져 있으니 이것도 사고 싶고 저것도 사고 싶은 것이다. 만약 현재 백화점식 포트폴리오로 운영하고 있다면 수익이 발생한 종목과 더는 복구가 안 되는 종목은 과감히 정리하고 다시 시작할 수 있는 여건을 만들어가길 바란다. 성공한 부자가 되기 위한 조건 중의 하나는 빠른 판단과 행동력이다. 세 종목이 힘들다면 최대 다섯 종목을 넘기지 말자. 반대로 한 종목만 고르는 투자도 지양해야 한다.

효율적으로 주식을 매입하기 위해서 어떤 방식을 사용해야 할까? 봄에 저렴하게 매입했다 하더라도 주식시장에는 어떤 변수가 발생할지 모른다. 상장폐지가 될 수도 있고 기업 내에서 횡령 문제가 생길 수도 있다. 기업의 수익성이 악화될 수도 있다. 아무리 준비를 잘했다고 하더라도 위험을 좀 더 분산하기 위해서는 433 투자 법칙을 이용해 분산 투자하는 것을 추천한다.

433 투자의 장점

1. 변수에 기민하게 대응해 기동성을 한껏 활용할 수 있다.

2 분석한 종목에 온전히 집중할 수 있다.

3. 분산 효과로 인해 위험을 줄일 수 있다.

4. 텐버거(10배) 종목을 발굴할 가능성이 높아진다.

40%는 우량주에 투자한다. 처음에는 시드머니가 작을 수도 있지만 몇 번의 사이클을 이겨내 투자에 성공한다면 어느새 시드머니는 기하급수적으로 늘어나 있을 것이다. 금액이 늘어날수록 자산을 지키는 것도 중요하다. 테마주나 급등 주식에 투자하는 습관이 있다면 시드머니가 커져도 같은 투자 습관이 발현되어 내 발목을 잡을 수 있다. 삼성전자나 현대자동차, 포스코홀딩스 등 가치가 떨어진 알짜 종목을 매수해보는 것을 추천한다. 자산의 가장 큰 뼈대는 안전하게 이끌어나간다는 마음가짐으로 투자하는 것이 중요하다.

30%는 해외 주식에 투자한다. 국내 주식에만 투자하는 사람이 있고 해외 주식에만 투자하는 사람들이 있다. 국내 주식에만 투자하는 사람들은 해외 주식에 투자해본 경험이 없어서 투자하는 방법뿐만 아니라 미국 주식을 분석하는 데 힘들어한다. 하지만 세계 증시를 이끌어가는 건 미국이다. 미국 증시는 주식시장이 생겨난 이후로 우상향했다. 그렇다면 자산의 30%는 미국 주식에 투자한다는 게 나쁜 선택은 아니다. 하지만 미국 주식을 매매해 연간 250만 원 이상의 수익을

거둘 경우 22%의 세금을 내야 한다. 그럼에도 수익 면에서는 세계 증시 대장인 미국에서의 기회가 더 클 수 있다. 국내 주식에만 투자하더라도 미국 증시의 흐름을 알아야 한다. 앞으로 어떠한 기술이 유망한지 일주일에 한 종목이라도 공부해보자.

30%는 텐버거 발굴에 투자한다. 우량주와 해외 주식투자가 안정적인 투자처라면 나머지 30%는 공격적으로 투자해보자. 투자 인생에 세 번만 텐버거 주식을 만난다면 앞서 투자한 금액보다 더 큰 수익이 발생할 수도 있다. 10배 종목은 종목 선정과 운, 사계절 투자를 적용할 때 만날 수 있다. 텐버거 종목은 봄 시기에 다음 상승장을 끌고 가는 주도주에서 나올 확률이 높다. 하지만 미래를 100% 예측하기란 쉽지 않다. 확률 높은 싸움과 수익을 극대화하는 투자자라면 자산의 30%는 적극적으로 도전해볼 만하다.

텐버거 법칙

텐버거는 우량주에서 나오지 않는다. 나는 텐버거 기업으로 전기자동차 관련주를 분석하기 시작했다. 삼성SDI, 현대자동차, LG화학은 시가총액이 무겁기에 텐버거 기업으로 성장할 수 없다고 보았다. 전기자동차라면 배터리가 중요하다. 소재 업체 중에 대기업에 납품하는 회사가 있다면, 시가총액이 적당하며 가격대가 매력적이라면, 텐버거 기업이 될 수도 있다. 나는 배터리 관련주 중에 대기업에 납

텐버거 기업이 된 엘앤에프

| ☆ | 엘앤에프 | ✓ | 🔍 | **138,000** |
| | 066970 | | | ▼ 600 0.43% |

| 지표 | 월 | 60분 | 1틱 | ⊞ ⤢ ⚙ ✕ |

종가 단순 5 10 20 60 120

[115]

최고 349,500(-60.52%,2023/04) — 349,500

**코로나19 위기 당시
20배 이상 상승**

263,365

177,230

138,000
2.00%

91,095

최저가 961(2,681.70%,2015/01) 4,961

2017/05   2019/10   2022/03   24/07

출처: 키움증권 HTS

품하는 회사들을 집중적으로 분석했다. 처음 분석했던 관련주들로는 엘엔에프, 에코프로, 에코프로비엠이 있었다. 엘엔에프는 증시가 폭락하자 1만 6,000원까지 하락했지만 30만 원 이상 상승하며 최종적으로 20루타 종목이 되어주었다.

예를 들어보자. 자율주행을 미래의 먹을거리로 예상한다면 완성업체인 기아자동차나 현대자동차보다는 대기업에 납품하는 회사 중에 자율주행차 사업을 영위하는 회사들을 발굴해야 한다. 그곳에서 텐

216   주식투자는 사이클이다

버거가 나올 가능성이 높다. 또한 성장 가능성이 있다면 주식시장의 봄 시기에 투자가 이루어져야 한다.

433 투자 법칙은 안전과 미래의 가능성을 모두 아우르는 투자 방식이다. 너무 많은 종목을 보유하면 급변하는 시장에 대처할 수 없고 단일 종목에만 투자하면 한 번의 실수로 모든 게 실패로 돌아갈 수 있다. 불규칙한 시장에 현명하게 대응하고 위험을 분산한 뒤 미래 먹을거리 발굴을 통해 이를 사계절 투자에 적용해야 수익을 극대화할 수 있다.

텐버거 종목은 사계절 투자 이해도가 있어야 만날 수 있다. 결국 텐버거 종목을 발굴하더라도 봄의 단계에서 매입해 일정 수익에 만족한 뒤 빠르게 매도한다면 이후 급격한 상승이 발생하는 지점을 놓치게 된다. 텐버거 종목이 가장 크게 상승하는 구간은 가을과 겨울 구간으로 대중의 관심을 본격적으로 받기 시작할 때다.

사이클을 이용한
10억 만들기 프로젝트

영리한 투자자는 약세장에서 매수해서
강세장에서 매도하는 사람이다.

벤저민 그레이엄

나는 코로나19가 발생하기 전부터 사이클 투자를 이어오고 있었다. 2024년 가을을 버블 구간으로 판단해 환율 헤지 전략을 통해 자산의 대부분을 엔으로 이동시켰다. 남은 단기자금으로는 주식 버블 구간에 대응하고 있다.

10억 원의 수익은 네 번 정도의 사이클을 완성했을 때 가능하다고 보았다. 이 전략은 총 다섯 단계로 진행된다. 사이클 투자 단계를 적용해 10억 원의 수익을 만드는 시뮬레이션을 진행해보자.

1단계: 10분 사이클 투자 습관으로 주식 근육 만들기

나는 매일 하루 10분 사이클 투자 습관을 지키고 있다. 방법은 간단하다. 인베스팅닷컴을 통해 미국 증시, 한국 증시, 대장주인 엔비디아의 흐름, 환율, VIX 지수 등을 확인한다. 인베스팅닷컴을 추천하는 이유는 간단하다. 이곳에서 간단하게 모든 지표를 볼 수 있기 때문이다. 10분 사이클 투자 습관을 완성하는 데 안성맞춤이다. 추가로 구루포커스를 통해 버핏 지수를 확인한다.

1. 인베스팅닷컴을 통해 미국 증시, 한국 증시, 환율, VIX 지수 확인
2. 구루포커스 사이트에서 버핏 지수 확인
3. 하이먼 민스키 심리 지표를 이용해 대중의 심리 관찰

인베스팅닷컴 애플리케이션을 다운받아 사용해보자. 구루포커스에 들어가 버핏 지수를 확인해보자. 하이먼 민스키 심리 지표를 바탕으로 사람들의 심리를 관찰해보자. 처음에는 오래 걸리겠지만 이를 습관으로 삼는다면 10분도 걸리지 않는다. 당신도 사이클 투자에 적합한 주식 근육을 만들 수 있다.

2단계: 의미 있는 시드머니 모으기

많은 사람이 이런 이야기를 한다. "1억 원이 없으니까 테마주나 급등 주식에 투자하지, 나도 급등주에만 투자하고 싶겠어?" 마음은 이해한다. 하지만 기본기가 튼튼하지 않으면 시드머니가 불어나더라도 자산을 키워나가기 힘들다. 적은 시드머니로 빨리 돈을 벌고 싶은 마음에 무리한 투자를 한다면 함정에 빠지게 된다. 시드머니가 커지더라도 나쁜 습관이 발현되면 한 번의 실패로 모든 것을 망치게 된다. 이러한 오류를 줄이기 위해서는 의미 있는 시드머니 1억 원을 다음과 같이 모으길 추천한다.

1,000만 원을 가지고 사이클 투자를 해보자. 나만의 사계절을 만들어보고 여러 자산에 투자하며 감각을 키워나간다. 1차 목표를 1억 원 모으기에 두고 소비를 줄이자. 1,000만 원으로 투자 성장이 되고 있다고 느껴진다면 목표에 힘이 실리게 된다. 의미 있는 1억 원을 모아야 10억 원을 모을 수 있다.

우리는 안전하게 미래를 설계해야 하며, 과정도 훌륭해야 행복한 삶을 살아갈 수 있다. 사이클 투자를 제대로 이용한다면 미래의 성과가 머릿속에 그려진다. 미래에 부자가 될 수 있다는 확신이 생긴다. 우리 모두에게는 같은 시간이 주어져 있다. 이후에는 복리가 내 자산을 기하급수적으로 늘려준다.

3단계: 하락장에서 기회를 엿보는 방법(수익률 60% 목표)

하락장 진입 시 체크리스트를 꼭 확인하는 습관을 기르자.

체크리스트	현재 상태 판단
1. 하이먼 민스키 심리 곡선 (주변 지인들의 반응 확인)	"매도하고 시장에서 빠져나와야 할까 봐." "이제는 주식투자 안 하려고." "내가 왜 스트레스 받아가며 이 고생을 했는지 모르겠어." "주식이라면 꼴도 보기 싫어. 다 처분하고 손 뗄 거야."
2. 고점 대비 하락률	고점 대비 하락률이 30%인 시기를 체크하자.
3. 코스피 연봉과 월봉	코스피 연봉 10일선, 삼성전자 60일선을 확인해보자.
4. VIX 지수	VIX 지수가 30 이상인지 확인해보자.
5. 달러와 엔	달러 가격이 1,300원에서 1,500원 사이에 형성됨. 엔 가격이 1,100원에서 1,500원 사이에 형성됨.

4단계: 433 투자 법칙 적용하기

1,000만 원으로 충분한 연습을 한 후 열심히 모은 시드머니 1억 원을 433 법칙에 따라 나눠 투자하자. 4, 3, 3의 비율로 하락장에서 세 종목을 분할 매수한다. 다음 상승장까지 투자 수익은 60%를 목표로 한다. 상승 사이클일 경우 규칙을 적용한다면 60% 수익도 충분히 가능하다.

- 40%는 우량주에 투자한다.
- 30%는 해외 주식에 투자한다.
- 30%는 텐버거 발굴에 투자한다.

5단계: 상승장에서 다음을 준비하는 다섯 가지 방법
(수익률 20% 목표)

이제 버블 구간을 찾아내야 한다. 사계절 체크리스트를 통해 버블 구간을 확인해보고 주식시장의 겨울(버블)에 도달했다면 환율을 눈여겨보자. 주식시장이 버블 구간에 들어서면 환율은 저렴해진다. 변수가 있을 수 있으므로 안전자산인 달러와 엔 둘 다 확인해보자.

엔이 역사적 저점에 도달해 있다고 판단된다면 위험자산(주식)에서 안전자산(환율)으로 스위칭 전략을 펼쳐보자. 하락 사이클이 진행된다면 오히려 안전자산은 상승하게 된다. 이때 목표 수익은 20%로 설정한다.

상승 사이클에는 433 투자 법칙을 적용해 60%의 수익을 목표로 하고 하락 사이클에는 헤지 전략으로 환율에 투자해 20%의 수익을 목표로 한다. 주식 사이클은 3년에서 4년 주기로 움직이기 때문에 4년으로 설정한다면 연 복리 20%의 수익이 발생하게 된다.

이를 바탕으로 오롯이 나만의 사계절을 표시해보자(봄, 여름, 가을, 겨울로 표기).

주식투자는 사이클이다

체크리스트	현재 상태 판단
1. 전고점 돌파 여부(미국 증시 기준)	겨울(버블 구간)
2. 대장주(대마)로 버블 구간 확인	겨울(버블 구간)
3. 버핏 지수로 버블 구간 확인	겨울(버블 구간)
4. VIX 지수로 버블 구간 확인	겨울(버블 구간, 매우 안정적)
5. 달러와 엔으로 버블 구간 확인	겨울(버블 구간, 역사적 저점)

시드머니 불리는 투자 시뮬레이션

1억 원의 시드머니가 있을 경우, 네 번의 사이클에 잘 대응하면 10억 원이라는 거금을 만들 수 있다. 또한 시드머니가 2억 원이 있을 경우, 네 번의 사이클에 대응하면 20억 원을 만들 수 있다. 그 투자 시뮬레이션 표는 다음 페이지에 제시되어 있다.

2023년 국내 증시가 2200선에 도달했을 당시 모든 지표가 하락장의 끝자락임을 알리고 있었다. 이후 2024년 9월 증시는 버블 구간에 진입했다. 수익률 또한 시뮬레이션대로 움직이고 있다. 당시 지인은 나와 같은 투자 구간에 들어가 투자했다. 하지만 투자 결과는 극명하게 갈렸다.

나는 상승 사이클에서 60%에 가까운 수익이 발생했으며 현재 수익화 후 하락장에 대비하는 헤지 전략을 펼치고 있다. 이 과정에서 매매는 스무 번도 하지 않았다. 반대로 지인은 현재 2억 원 이상의 손해

시드머니 1억 원이 10억 원으로 불어나는 투자 시뮬레이션

사이클	증시	수익률	원금(10,000)
1사이클	상승장	60%	16,000
	하락장	20%	19,200
2사이클	상승장	60%	30,720
	하락장	20%	36,864
3사이클	상승장	60%	58,982
	하락장	20%	70,778
4사이클	상승장	60%	**113,246(11억 원)**

단위: 만 원

시드머니 2억 원이 20억 원으로 불어나는 투자 시뮬레이션

사이클	증시	수익률	원금(20,000)
1사이클	상승장	60%	32,000
	하락장	20%	38,400
2사이클	상승장	60%	61,440
	하락장	20%	73,728
3사이클	상승장	60%	117,964
	하락장	20%	141,557
4사이클	상승장	60%	**226,492(22억 원)**

단위: 만 원

주식투자는 사이클이다

가 발생했다. 똑같은 기간에 저점에서 투자했지만 기준 없이 테마주, 급등 주식에 빠져 거래 빈도를 높이는 투자를 했기 때문이다.

투자 빈도를 높이면 오히려 독이 된다. 그다음부터는 시간과 복리가 자산을 불려준다. 이제까지 빠른 것을 중시했다면 사이클 투자에서는 반대로 느리더라도 꾸준히 해나가는 사람이 마지막에 성공한다. 10억 원을 만드는 진짜 비법은 노동을 통해 1억 원을 만들어보는 것이고 그동안 주식 근육을 만들어 기본기를 튼튼히 하는 것이다. 기본과 원칙이 만날 때 내 자산은 10억 원이 된다.

8

사이클 투자 시
주의사항

**투자자는 무엇이 옳고 그른지에 대해 자신만의 생각을 가지고 있어야 하며
대중에 휩쓸려 감정적 행동을 하지 않아야 한다.**

앙드레 코스톨라니

사이클 투자를 통해 부자가 되고 싶다면 수많은 선택지가 나에게 따라오게 된다. 주식시장에는 악재와 호재가 공존하기에 원칙이 없다면 좋은 선택의 비율을 늘려갈 수 없다. 사계절 투자법과 사이클을 읽어내는 연습을 하는 이유는 좋은 선택의 비율을 높여가기 위해서다. 주식투자로 성공하기 위해서는 여러 가능성을 열어두고 현재 자신의 위치와 세계 경제 흐름에 맞춰 투자 성공 확률을 높이는 선택을 해야 한다. 성공 확률을 계산한다는 것은 현재 자신이 좋은 선택을 하고 있다는 것이고 사이클 투자를 잘해나가고 있다는 방증이다.

상승 사이클에 제대로 타기 위해서는 좋은 선택을 통해 문제없는 종목을 발굴해야 수익을 극대화할 수 있다. 오류를 최소화하고 수익을 극대화하기 위해서는 문제점을 사전에 걸러내는 연습이 필요하다.

적자 기업은 피하자

아무것도 모르고 주식투자를 할 당시 나는 '씨티엔티'라는 전기자동차 관련주에 투자했다(지금은 상장폐지되었다). 나는 당시 재무제표를 읽을 줄도 몰랐다. 내가 투자하는 기업에 대해 아는 것이 없었으니 결과는 끔찍했다. 다행히 사회초년생이라 금액은 크지 않았지만 당시에는 거의 전 재산이나 다름없는 귀한 돈을 날릴 뻔했다.

씨티엔티는 국내 최초 전기자동차 완성업체라는 콘셉트로 자사를 홍보했다. 기대감도 있었지만 지금 생각해보면 기술력이 형편없었다. 유상증자(회사가 발행한 신주를 기존 주주나 제3자가 돈을 내고 사는 것)와 BW 전환사채(신주인수권부사채, 발행기업의 주식을 매입할 수 있는 권리가 부여된 사채)를 수없이 발행했고, 상장폐지 직전에는 적자가 심해 상장폐지 실질 심사까지 겪게 되었다. 2주 동안 거래 정지가 되는 걸 보자 가슴이 뛰고 모든 것을 잃은 것 같은 기분이었다. 다행히 2주 뒤 재거래가 되어 30%의 손실을 감수하고 빠져나왔다. 이후 씨티엔티의 재무제표를 확인한 뒤 처음부터 잘못된 투자를 했다는 것을 알았다. 1년 적자만 180억 원에 달했다. 이처럼 초보 투자자일 때 적자 기업의 무서움을 겪어봤기에 재무제표 보는 법을 공부할 수 있었다.

재무제표를 볼 줄 모른다면 두 가지만 살펴보자. 영업이익과 당기순이익이다. 당기순이익은 기업에서 벌어들이는 수익에 매출 원가, 판매비, 관리비, 영업 외 수익과 비용 손실을 가감한 후 법인세를 뺀 것이다. 기업에서 매출을 일으키고 있지만, 수익은 고사하고 손실만

HLB의 재무제표

기간	2021.12.	2022.12.	2023.12.	ⒺＥ2024.12.
매출액	698	1,797	429	-
영업이익	-1,010	-747	-1,250	-
당기순이익	-1,116	-986	-2,060	-
지배주주순이익	-981	-782	-1,891	-
비지배주주순이익	-135	-204	-170	-
영업이익률	-144.67	-41.55	-291.43	-
순이익률	-159.84	-54.87	-480.28	-
ROE	-21.43	-14.56	-32.55	-

출처: 네이버증권

재무제표를 쉽게 보는 방법은 다음과 같다. 네이버페이증권 → 종목 검색 → HLB 검색 → 기업실적 분석 → 재무 → 주요 재무 정보에서 확인할 수 있다.

발생하고 있다면 적자 기업으로 분류된다.

바이오기업인 HLB를 살펴보면 매년 적자 규모가 1,000억 원 이상 발생하는 것을 확인할 수 있다. 예를 들어 내가 기업의 주인인데 매년 적자가 1,000억 원 이상 발생한다면 어떨까? 외부에서 추가로 투자를 받을 수 있을까? 적자가 3년 이상 지속되면 상장폐지 요건에 들어간다. 만약 내가 투자한 돈이 휴지조각이 된다면 모든 게 원점으로 돌아간다. 따라서 종목을 분석할 때 재무제표를 꼭 확인해봐야 한다. 다른 지표를 잘 모르겠으면 영업이익과 당기순이익 정도만 확인하더라도 상장폐지 위험에서 벗어날 수 있다.

주당 2,000원 미만의 주식들은 피하자

'싼 게 비지떡'이라는 말이 있다. 시드머니가 적을수록 저가 주식에 빠져들게 된다. 특히 2,000원 미만의 주식이 4,000원까지 오른다면 수익이 두 배가 된다. 하지만 10만 원의 주식은 20만 원으로 올라야 2배가 된다. 저가 주식이 호재로 인해 오른다면 분명 중대형 주식보다 수익은 더 크게 발생한다. 하지만 단점 또한 공존한다.

기업의 가치가 2,000원 미만이라면 만성 적자 기업이거나 성장성 없는 산업군에 포함되어 있을 가능성이 높다. 속칭 '동전주'와 같은 저가주에만 투자하다 보면 나쁜 습관이 생겨, 목돈이 생겼을 때에도 문제가 많은 기업에 투자하게 될 수 있다. 이럴 경우, 투자 수익률은 급격히 낮아질 수밖에 없다. 호재로 인해 상승할 때는 문제점이 보이지 않는다. 하지만 급작스럽게 주가가 하락하면 수면 위로 문제점이 떠오르게 된다. 2,000원 미만의 주식이 다 문제가 있는 것은 아니지만 저렴한 주식에서 더 자주 문제가 발생하고 투자 성공 확률을 낮추는 요인으로 작용한다.

사양 산업에는 투자하지 마라

사계절 투자법을 이용해 봄에 주식을 매수하려 한다고 가정해보자. 하지만 사양 산업에 투자한다면 증시가 다시 상승장에 돌아선다 해도 수익이 발생하지 않을 수도 있다. 과거에는 제조업 중심으로 기업이 성장했다면 지금은 기술 기업의 성장 가능성이 높다.

제조업은 이미 우리나라나 선진국에서는 사양 산업으로 분류된다. 기업이 벌어들이는 수익이 일정하더라도 시장의 관심에서는 멀어질 수 있다. 다우지수 역시 세계 점유율이 높은 소비재 기업으로 구성되어 있다. 하지만 닷컴 버블 이후 세계는 기술주 중심으로 성장하고 있고 AI 기술 혁신으로 인해 더 많은 반도체가 쓰이게 되었다. 그럼 AI 시대가 끝나면 반도체 산업은 사양 산업으로 저물까? 자율주행, 로봇, 메타버스, AR글래스, 우주 항공, 양자컴퓨터 등 수많은 기술이 기다리고 있다. 앞으로는 반도체가 필요한 분야가 더 늘어날 것이다.

과거 닷컴 버블 시기와 지금은 체질적으로 다르다. 세계를 선도하는 기업에서 매출이 발생하고 있으며 기술 생태계가 현실과 연동돼 시너지 효과를 내고 있다. 사양 산업에 투자한다면 수익에서 확연히 차이가 날 수 있다. 사양 산업을 걸러내는 안목이 필요한 시기다.

내가 기업의 주인이라는 마음으로 종목을 발굴하자

나는 투자를 할 때 내가 그 기업의 주인이라는 마음가짐으로 기업 정보를 살핀다. 적자는 없는지, 미래 가치가 높은지, 영업이익이 지속해서 상승하고 있는지, 매년 성장하려고 노력하는지 등을 확인한다. 부동산 투자에 능한 사람들은 임장을 다닌다. 직접 방문해 지역과 단지의 장단점을 분석하고 매매가가 저렴한지, 상승 호재가 있는지 살핀다. 현장에 나간다면 온라인으로 지도를 보는 것보다 깊이 있게 투자처를 살펴볼 수 있다.

매장을 열기 위해 부동산을 찾으면 보통 장사가 잘되는 시간에 가게를 보여준다. 그렇게 며칠 만에 계약하는 사람들이 대부분이다. 많게는 몇억 원 이상 투자하지만, 특정 시간에만 매장을 확인한 뒤 즉흥적으로 가게를 계약하는 것이다. 부동산 업자는 오늘 당장 계약에 성공하면 그만이다. 그래서 장사가 잘되는 점심시간이나 저녁에 약속을 잡아 물건을 확인하게 한다. 매장을 꼼꼼히 살펴보기 위해서는 손님이 뜸한 시간에도 방문해보고 근처 커피숍에 앉아 유동인구와 소비 형태를 분석한 뒤, 자신이 하고자 하는 업종과 적합한지 따져봐야 한다. 종목을 분석하고 고를 때 내가 이 기업의 주인이 된다는 마음가짐으로 분석해야 한다. 그래야 투자에 후회가 없다.

한 번 더 강조하는
짧은 투자 조언

조바심을 절제할 수 있어야 한다.
그리고 많은 투자자들이 이 문제에 부딪힌다.

워런 버핏

나만의 투자 철학 만들기

각자만의 삶의 방식, 자금 규모, 돈을 대하는 태도, 투자 심리, 경험 등이 전부 다르므로 모두가 같은 투자 공식으로 성공할 수 없다. 각자의 자금 규모와 상황을 고려하고 성공한 이들의 경험을 흡수한 뒤 자신의 몸에 맞춰나가야 한다. 투자 철학 없이 남의 이야기나 정보에 휘둘린다면 투자 성장은 이뤄지지 않는다. 실패하게 되면 남 탓만 하게 되고, 다시 도전하더라도 똑같은 실수가 반복될 뿐이다. 투자 철학을 각자의 삶에 적용하고 상황에 맞춰 변주해 사용해야 투자 성장이 이루어진다.

주식투자는 사이클이다

자금 여력

자금 여력이라는 말이 있다. 위험을 회피하기 위해 자금의 여유분을 남겨 놓는 것을 의미하는 단어다. 주식시장에는 일어나지 않을 것 같은 일들이 매번 반복된다. 증시가 폭락하기 시작하면 우리가 예상치 못한 경제 위기들이 속출한다. 2008년 금융위기, 2019년 코로나19, 2021년 금리 인상은 우리가 전혀 예상하지 못한 위기들이었다. 자연재해 같은 이런 시기에 모든 자산이 투자되어 있다면, 하락장이 시작되었을 때 손쓸 수 없을 정도의 타격을 받게 된다.

따라서 자금 여력을 확보해 자산의 30%를 현금화해야 한다. 70%의 자산이 하락장에 물려 있더라도 30%의 자산으로 폭락장에 대응한다면 완전히 실패한 것은 아니기 때문이다. 남은 30%의 자금으로 충분히 다시 재기할 가능성을 마련할 수 있다. 주식시장의 가을과 겨울 구간(버블)에서 현금화하는 이유도 자금 여력을 확보하기 위해서다. 모든 자산을 주식에 몰아넣고 투자하는 습관을 버렸을 때 또 다른 기회를 만날 수 있을 뿐만 아니라 예기치 못한 위기에 대응할 수 있다.

피뢰침 현상

버블 구간에서 나타나는 위기 중 가장 무서운 것이 바로 피뢰침 현상이다. 피뢰침 현상은 일봉만을 보고 투자하면 알 수 없다. 따라서 월봉을 확인하는 습관을 꼭 길러야 한다. 투자에 실패한 지인 중 10명 중 8명은 피뢰침 현상을 인지하지 못했기에 크게 실패할 수밖에 없었다.

대중의 광기로 인해 급격히 버블이 만들어지면 전고점을 강하게 돌파하는 특징을 보인다. 전고점을 돌파한 뒤 매물이 없는 구간에 들어서면 피뢰침 현상이 나타난다. 피뢰침 현상 이후에는 거품이 꺼지면서 크게 하락을 맞이한다. 버블이 꺼지는 시점에서 빠져나오지 못한다면, 다시는 기회가 찾아오지 않을 수 있다.

피뢰침 현상이 나타났다는 것은 역사적으로 큰 버블이 발생했다는 뜻이고 다시는 지금의 고점이 찾아오지 않을 수도 있다는 의미기도 하다. 피뢰침 현상을 피하기 위해서는 투자하기 전 월봉을 통해 전체적인 투자 시점을 확인해야 한다. 버블 구간이라고 판단되면 스스로 절제하고 다른 투자처를 찾아야 한다. 주식시장에는 수천 개의 회사가 상장되어 있고 기회는 언제든 오기 때문에 서두를 필요가 없다. 피뢰침 현상만 분별할 수 있는 통찰력을 기른다면 투자에 실패할 확률은 급격히 낮아진다.

여러 자산 경험해보기

나는 현재 작은 성취연구소를 만들어 투자 경험을 공유하고 있다. 첫 만남에서 강조하는 것이 있다. 바로 여러 자산을 경험해보라는 조언이다. 우리에게 찾아오는 거시적 환경이 모두 다르기 때문이다. 어떠한 변수가 닥칠지 모르지만 여러 자산에 투자해보고 경험이 쌓인다면 다양한 상황에 대처할 수 있다. 투자 상황에 맞춰 나만의 투자 방정식도 만들어낼 수 있다.

처음에는 적은 시드머니로 다양한 자산을 경험해보는 것을 추천한다. 책을 100번 읽고 뉴스를 매일 분석해도 직접 경험해보는 것만 못하다. 단 1만 원이라도 직접 투자해보아야 투자 경험치가 쌓인다. 단, 1만 원에서의 손실과 수익도 1억 원처럼 무겁게 받아들여야 한다. 주식이 버블 구간이라고 판단된다면 환율에 투자해보고, 인버스나 레버리지에도 조금씩 투자해보자. 원유나 해외 주식 등 여러 자산에 투자해본다면 실수와 오류를 확연히 줄일 수 있다. 단, 확신이 들기까지는 투자 비중을 크게 가지고 가지 않아야 한다.

나는 현재 해외 주식에도 투자하고 있으며, 증시가 폭락하면 오르는 VIX 지수를 바탕으로 나스닥 하락 시 3배 상승하는 SQQQ도 한 주씩 사서 관찰하고 있다. 결국 이런 투자는 위험도가 매우 높다는 결론을 내렸다. 여러 자산을 경험해보면 투자에 신중해질 수밖에 없다.

1분 투자 습관 기르기

여러 주식 관련 경제 서적을 보고 얻은 결론은 다음과 같다. 따라하기가 힘들고 데이터가 너무 전문적이며 방대하다는 것이다. 성공 방정식 중 하나는 행동하는 데 있다. 그것도 즉시 실천해야 성공 확률을 높일 수 있다. 우리가 부자가 되지 못하는 이유는 머리로만 생각하고 행동으로 즉시 연결하지 못해서다. 그럼 왜 행동하지 못했을까? 복잡하거나 실천하기 까다롭기 때문이다. 살을 빼기 위해서는 근처의 헬스장에 가거나 당장 식단 조절을 해야 한다. 마음에서 멀어질수록 행동하기는 힘들어진다.

나는 10년 이상 인베스팅닷컴을 통해 시장의 흐름을 읽어나가고 있다. 10년 동안 한결같이 데이터를 볼 수 있었던 이유는 단순하다. 스마트폰을 들고 습관처럼 인베스팅닷컴에 먼저 접속했다. 자기 전이나, 엘리베이터 안에서, 지하철 안에서, 잠시 쉴 때도 바로 애플리케이션에 접속하면 1분 만에 모든 데이터를 확인할 수 있다. 접근이 쉬워야 내 삶에 쉽게 적용할 수 있다.

상승장이 오면 반드시 하락장이 온다

정말 여러 번 강조해도 모자라지 않다. 하락장의 무서움을 모르는 투자자가 너무 많다. 영원할 것같이 오를 것 같은 주식도 모두 하락을

주식투자는 사이클이다

맞이한다.

　이것만 기억하자. 많이 오르면 크게 떨어진다. 적게 오르면 조금 떨어진다. 언제나 상승장 끝에는 하락장이 존재한다. 스스로 범주를 정하고 구간을 나누어 투자해야 한다. 죽었다 깨어나도 투자하지 말아야 할 구간에서는 들어가지 않는다는 명확한 철학을 세워두자. 피뢰침 현상만 지나가더라도 정글 같은 주식시장에서 살아남을 수 있다.

엄청난 노하우는 없다

　투자에 관해 물어오는 이들은 내게 엄청난 비결이 따로 있는지 묻는다. 책에서 이야기하지 않는 것이나, 블로그에 올리지 않는 당신만의 특급 비법을 알고 싶다고 말한다. 하지만 내 대답은 단순하다. 없다. 습관으로 만들고 체화해서 삶에 적용할 뿐이다.

　나만의 투자 철학을 단단히 하고 유연한 사고로 시장에 대응하는 것뿐이다. 오히려 힘을 빼고 사이클의 흐름에 몸을 맡길 때 성공할 수 있는 투자의 길이 보인다. 프로 투자자와 아마추어의 차이는 의외로 크지 않다. 프로는 매일 똑같은 것을 반복하며 성장해나가고, 아마추어는 중도에 포기하고 실패하는 이유를 타인에게 찾는다. 성공 노하우는 삶의 태도에서 나온다. 기본이 언제나 제일 중요하다.

뜨겁지만 차갑게,
차갑지만 뜨겁게

첫 책《ETF 사용설명서》에서 짧게나마 주식시장의 상승장과 하락장을 구분하는 법을 설명했다. 또한 투자에 있어 가장 중요한 것은 시장 전체의 사이클을 읽어나가는 것이라고 강조했다. 그러다 이현철 소장의《아파트 투자는 사이클이다》를 읽은 뒤 왜 주식투자 분야에는 사이클에 관한 책이 없는지를 고민했다.

《ETF 사용설명서》를 내고 많은 분들께서 고맙다는 이야기를 해주셨다. 진심을 담아 누군가에게 도움을 주기로 마음먹는다면 내 지식 또한 누군가에게 힘이 된다고 느꼈다. 이 책 역시 주식투자에 어려움을 겪고 있는 누군가에게 도움이 되었으면 하는 바람이다.

나는 사계절 투자라는 방식으로 주식시장을 봄, 여름, 가을, 겨울로 구분해 현금 비중을 조절하고 헤지 전략을 통해 시장에 대응하고 있다. 나는 사계절 투자를 적용하면서 워런 버핏의 투자 방법과 사람들의 심리를 공부하기 시작했다. 그 시작은 버핏 지수였다. 왜 워런 버핏은 80년 이상 주식투자를 하면서 실패하지 않았을까? 그는 매매를 자주 하지 않았고, 자신만의 사계절을 만들어 비중 조절을 통해 시장에 대응해왔다. 또한 대중의 심리를 읽고 절제하며 예측 불가능한 부분에서는 투자를 쉬었다. 우리가 알고 있는 투자법과는 확연히 다르다.

세상은 빠르게 돈을 버는 방법들로 가득하다. 빠르게 돈을 버는 투자자도 분명 있다. 하지만 이러한 투자자는 극소수다. 내가 0.01%에 들어갈 수 있다고 확신하지 말자. 바늘구멍보다 비좁은 확률에 운을 맡기는 것보다 세계 1등 투자자의 성공 비법을 이해하는 게 도움이 된다.

빠름보다 느림의 미학이 아름답다. 느리게 움직일 때 오히려 성공이 가까워진다. 주식 사이클을 4년으로 두고 계산해본다면 워런 버핏은 스무 번의 사이클을 견뎌왔다. 열한 살에 투자한 100달러는 현재 100조 원으로 불어났다. 우리 역시 사계절 투자법을 통해 다섯 번의 사이클만 제대로 탄다면 충분히 부자가 될 수 있다. 한 번의 사이클이 지날 때마다 자산은 2배씩 늘어난다. 처음에는 2배의 금액이 적어 보일 수도 있지만, 시드머니가 커지면 이야기는 달라진다. 1억 원이 2억 원이 되고 2억 원이 4억 원이 된다. 세 번째 사이클에서는 8억 원, 네 번째 사이클에서는 16억 원이 된다. 다섯 번째 사이클 투자에 성공한다면 내 자산은 32억 원이 된다.

워런 버핏은 주식시장이 겨울(버블) 단계에 들어가면 현금 비중을 최대로 늘린다. 버블이 터지고 봄이 오면(기회) 현금을 들고 저렴한 주식을 쇼핑한다. 이를 80년 동안 반복한 것뿐이다. 그는 스무 번의 사이클을 이겨내고 세계 최고의 투자자로 우뚝 섰다.

빠르게 투자한 이들은 모두 실패했다. 간혹 성공한 경우가 있다 해도 우리는 그 길을 가면 안 된다. 안전하고 탄탄하게 사이클을 읽는 투자가 나를 부자로 만들어준다. 뜨거울 때 차갑게 식히고 손이 아릴 정도로 차가울 때 가슴에 불꽃을 일으켜야 한다. 대중과 반대로 투자할 때 살아남는 5%의 투자자가 된다. 이 책을 읽은 모두가 성공한 5%의 투자자로 살아가길 기원한다.